国之瑰宝
GUO ZHI GUIBAO
——宋庆龄的故事

秦文君 著

中国和平出版社
China Peace Publishing House
北京

目　录

第一章　上海一家人·················001

第二章　在中西女塾的日子··············011

第三章　奔赴大学··················025

第四章　最信赖的人·················043

第五章　义无反顾··················059

第六章　洪流滚滚··················079

第七章　意志与智慧共存···············093

第八章　这果实如此美丽···············117

第九章　伟大的女性·················129

第一章

上海一家人

宋庆龄在这个开明又严格的大家庭里度过幼年，她儿时的玩伴除自家的姐妹、弟弟外，还有姨妈家的表哥和表妹们。一家人相亲相爱，其乐融融。

1893年1月27日，20世纪中国最显耀的伟大女性宋庆龄诞生在上海一个牧师兼实业家的家庭。

说起旧时的上海，这座濒临江海的城市常常会给人一种错觉，好像它从来就是经济发达的代名词。其实最早的黄浦江畔只是一片荒凉的河滩，到了晚清时期，一幢幢房屋才沿着黄浦江而建，一条条马路纷纷开辟。但发展成为都市的过程是缓慢的，彼时黄浦江上多见的还是摇橹的木头船只。

鸦片战争结束后，中国由封建社会变为半殖民地半封建社会。1843年11月上海开埠，从欧美国家运来的货物，主要到这里卸货，再转运至中国的南北沿海。1845年，外滩以西被划为英租界。

1893年前后，外滩像极了一个新建的大码头，有人流聚集，出现了繁忙的迹象，江边微微发咸的风吹拂着来往的路人。此时的外滩没有巍峨的外白渡桥，也没有矗立的海关大楼等五十二幢风格迥异的古典大楼。一幢幢散发着悠远人文气息的外滩标志性建筑，全都在1898年清政府决定把位于长江口的吴淞辟为商埠后的数十年间陆续建起。

上海变成灯红酒绿的不夜城或者纸醉金迷的冒险家乐

园，是遥远的几十年后——20世纪30年代的事。

宋庆龄的父亲不是土生土长的上海人，他1861年出生在广东省海南岛（今海南省）文昌县，一个有大片椰子树林的美丽村庄。他是一个贫苦人家的儿子，本姓韩。

韩家少年的童年记忆里有艳阳高照的绝美海岛风光，也有无尽的饥饿和窘迫。九岁左右时，他远渡重洋投奔了在美国的堂舅。舅父姓宋，是在波士顿开丝茶铺的侨商，收养他以后，让他在店里当学徒。他因此改名为宋嘉树。

有句谚语说："朋友就是另一个自己。"结交好的朋友是重要的，这一点在宋嘉树的成长中充分体现了出来。

在丝茶铺当学徒期间，宋嘉树结识了温秉忠和牛尚周。这使他单调乏味的学徒生活瞬间开阔不少，也为他的人生掀开崭新的、富有魅力的一页。

温秉忠和牛尚周是什么人？

1872年开始，清政府从一些书香门第的家庭里先后选拔了一百二十位幼童，在教育家、外交家容闳等人的带领下，赴美国留学。

温秉忠和牛尚周都是被选中的幸运小留学生，他俩是好朋友，一同在离波士顿不算远的哈特福德读书。哈特福德曾是美国大文豪马克·吐温的居住地，那是一个古老而享有盛名的小城，人口不多，店铺很少。每次学校放长假，他俩都会结伴乘坐火车到波士顿游玩、购物。

有一天，他俩去波士顿唯一的一家华人开的丝茶铺买东西，与店里的宋嘉树相遇。宋嘉树到那里差不多三年了，童年遭遇的坎坷、穷困的漂泊经历令他谦卑而周到，早早领悟到某些世界与人生的真相。这个少年懂英语，会打算盘，结账查账、盘货验货都是一把好手，且头脑活络，热情友善，求知欲旺盛。

他们一见如故，说话投缘，又差不多是同龄人，一来二去，三个人结为无话不谈的好友。

温秉忠和牛尚周竭力劝说宋嘉树离开，不能被束缚在小小的丝茶铺里，要争取读大学，拥抱更大的世界。

好友的建议拓展了宋嘉树的视野和思想，他意识到知识能改变自己的命运，仿佛看到了未来新生活的曙光。性格果断的他对认定的事没有丝毫的犹豫，从此开始一心一意走求学之路。

一个少年认定了目标，排除万难，总会取得进展的。离开丝茶铺之后，他进入北卡罗来纳州圣三一学院（后改名为杜克大学）学习，一年后转到田纳西州纳什维尔市的范德比尔特大学就读。1885年，宋嘉树毕业，选择回国发展，先后在上海近郊、江苏昆山等地担任传教士兼中学教师。

1886年的一天，宋嘉树在上海与温秉忠和牛尚周重逢。他俩比他回国早，相继在上海落户、成家立业。凑巧的是，牛尚周娶了牧师倪韫山的长女倪桂金，温秉忠娶了倪韫山的幼女倪秀珍。他们的岳父倪韫山是一位精通法律的学者，也是上海最早的本土牧师之一，十分开明。

宋嘉树经常与温秉忠和牛尚周相聚，通过两家人的介绍，他与倪家的二女儿倪桂珍相识，两个人心意相合。宋嘉树回国初期做传教士兼教师，常常要到很多落后、穷困的乡村去，倪桂珍是有见识、不寻常的女性，她觉得这样很好，经常随行。

1887年，宋嘉树和倪桂珍喜结连理。至此，宋嘉树、温秉忠、牛尚周三个好友也机缘巧合地结为连襟。

宋嘉树成家后，发现自己每月十五美元的薪金太微薄，他不想妻儿跟着自己过窘迫的生活，便跟人合伙开办了一家印刷厂——华美印书馆，印制《圣经》和历史书籍等。他勤勉、办事能力强、朋友多，很快便将厂子打理得顺风顺水，资产也渐渐丰厚。后来他干脆辞去牧师和教师的工作，一心一意做实业，并改名为宋耀如。

1890年前后，宋耀如在岳父母住处的附近——上海虹口朱家木桥一带的东有恒路（今东余杭路）628号C购地建屋，好友兼连襟牛尚周也在边上建房。

宋耀如心胸开阔、为人豪放、热心公益、富有激情，希望国家早日强大，社会进步。他和牛尚周既是好友又是连襟，来往密切。牛尚周在电报局任职，宋耀如因而结识了牛尚周的同事——当过译报员的陆皓东。

陆皓东是广东省香山县（今中山市）人，是个革命党，他有一位老乡、好友，名叫孙文，就是后来举世闻名的孙中山先生。

1894年，孙中山与陆皓东北上，途经上海办事。经陆皓东引见，宋耀如得以与仰慕已久的孙中山会面，当面聆听他的救国主张。

一番推心置腹的长谈后，宋耀如愈加敬佩孙中山的胆识和作为，决计以自己的方式追随孙中山和他的事业。

上海会面之后，宋耀如和孙中山结为志同道合的好友，

联系不断，宋耀如的印刷厂经常暗中印刷宣传革命的刊物和小册子。他连续多年用做实业收入的钱款无偿援助孙中山进行革命事业，支持孙中山实现救国蓝图。

1900年，孙中山再次去上海，特意到宋家造访，宋耀如夫妇设家宴款待了这位尊贵的好友。宋庆龄应该在这次家宴上见过孙中山，两人有过短暂的交流，只是那时她尚年幼。

宋庆龄从孩提时代就熟悉孙中山的大名——他是父亲最重要的朋友。她经常会在父母和姨父们的交谈中听说他作为革命先驱的传奇故事，她感佩其崇高的情怀和无畏的精神。

宋庆龄崇敬孙中山这样敢为人先、"不怕杀头"的革命党人，也是受父亲的影响。爱国、爱家，一生奋斗不止的宋耀如既是宋庆龄的慈父，也是她人生的第一个思想启蒙老师。

宋耀如和妻子倪桂珍先后育有子女六人，依次为蔼龄、庆龄、子文、美龄、子良、子安，宋庆龄是宋家的第二个孩子。

宋庆龄在这个开明又严格的大家庭里度过幼年，她和父

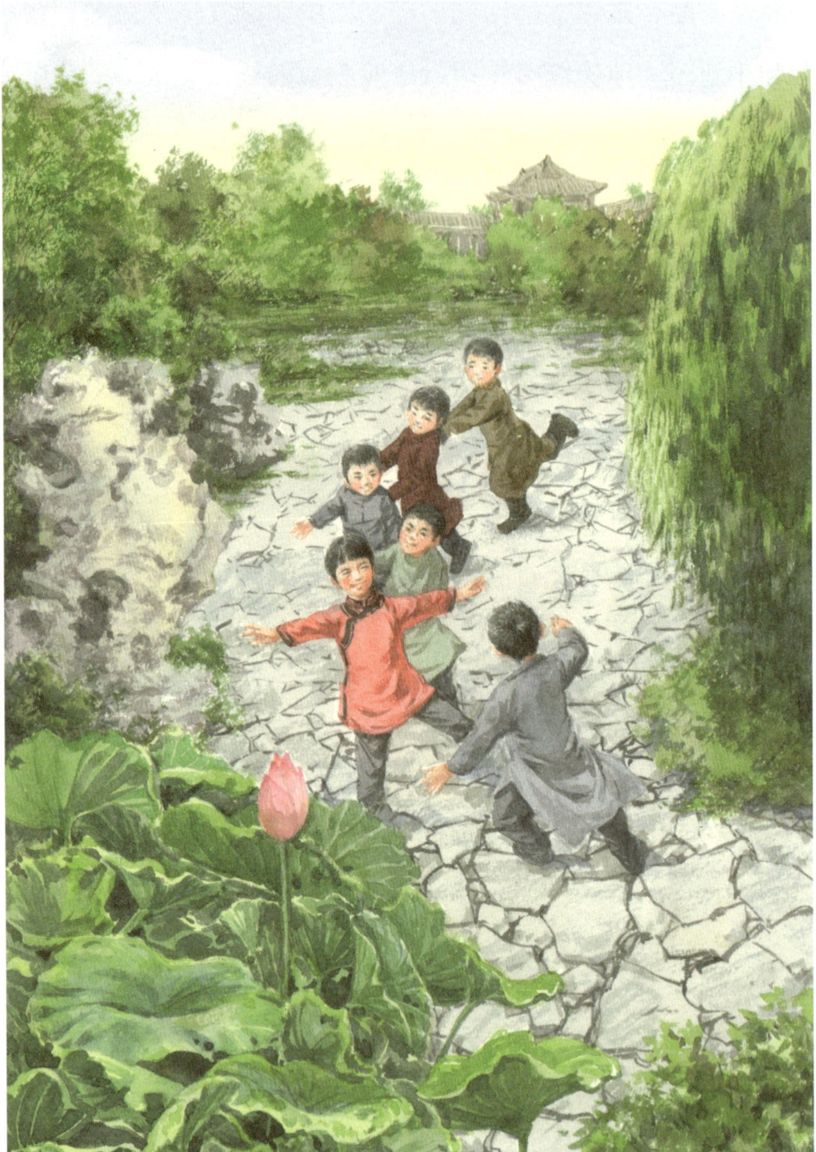

母、手足一道居住在自家建造的大房子里，门前有潺潺流淌的小溪，屋后有花园，生活温馨而宁静，一家人相亲相爱。不远处住着姨妈倪桂金和姨父牛尚周一家，宋庆龄随时跑到窗前与表哥和表妹隔窗对话，相互做一些小孩子喜欢的手势。她儿时的玩伴除自家的姐妹、弟弟外，还有姨妈家的表哥和表妹们。

两家的孩童喜欢结伴在宋庆龄家后面的大花园里玩耍，花园里草木葱郁，一群天真无邪的孩子尽情做游戏，玩老鹰捉小鸡、猜灯谜，也会一起跳绳、踢毽子等。有好几次，宋庆龄年轻的舅舅倪锡纯也兴致盎然地加入进来，大孩子和小孩子其乐融融，过着温情的田园牧歌般的生活。

第二章
在中西女塾的日子

宋庆龄知道在世道不稳、生产力低下，大多数民众缺衣少食、为生活奔波的年代，能进入中西女塾学习，是十分难得的。

1904年，宋庆龄满十一岁。宋耀如夫妇为爱女选择了中西女塾就读。

新生入学那天，宋耀如特意抽出时间，亲自送二女儿去学校。装行李的汽车一路行驶，路边是川流不息的黄包车，那是当时时兴的交通工具。路上人来人往，留着大辫子的清朝巡捕耀武扬威地走过，赶马车进城送货的小伙计冒冒失失地在凹凸不平的石阶路上颠簸，偶尔也有神情漠然的洋人匆匆路过。

宋庆龄透过车窗看着街上的景象，街边摇摇晃晃走路的小脚女子引起了她的注意。那些女子原本是健康的、美丽的，此时看上去却羸弱不堪，好似肢体残疾，而这一切都因为一种旧时代的陋习——缠足。

缠足是用布紧紧缠裹四五岁小女孩的双脚，看似使之纤小，实则使脚骨变形。明清时期，女子的缠足之风蔓延至社会各阶层，宋庆龄幸运地生在开明的人家，她的母亲倪桂珍也没有缠足。

看着女子的两只脚像被过度修剪的盆景，宋庆龄感到揪心，她知道这是封建思想对女子的残害。她还看到一帮穷苦百姓，穿着破旧的衣裳，光着脚，挑着沉甸甸的担子

经过，这让她难过的心情再次翻腾不已，不由得悄悄地叹息了一声。

宋耀如察觉到了，他了解二女儿庆龄，她从小聪慧，酷爱看书。文学的引领不仅让她视野宽广、理想远大，还心怀仁爱，比同龄的女孩更富有同情心和怜悯心。

路上，宋耀如忍不住对年少的宋庆龄说："之前，为父在上海跑马场看到过操练的联军士兵，非常担心，果然后来这些士兵全去攻打北京了。庆龄，你要记住，英、俄、日、法、意、美、德、奥八个国家组成的武装侵略军，发动了对中国的侵略战争。不久之后，我们的北京城就沦陷了，八国联军杀人放火，在紫禁城、中南海、颐和园大肆偷窃和抢掠珍宝。有'万园之园'之称的圆明园在英法联军洗劫之后再遭掠夺，这帮强盗将圆明园烧成了废墟。后来英、法、美等国的军队又以'保护租界'为名相继登陆上海，说是'协防'，可明眼人一看都知道这是赤裸裸的入侵。"

从小关心国家大事又爱憎分明的宋庆龄听到这里，急切地说："父亲，我真想马上去保护我们的祖国。"

宋耀如赞许地点点头："庆龄，你有这份爱国心，为父

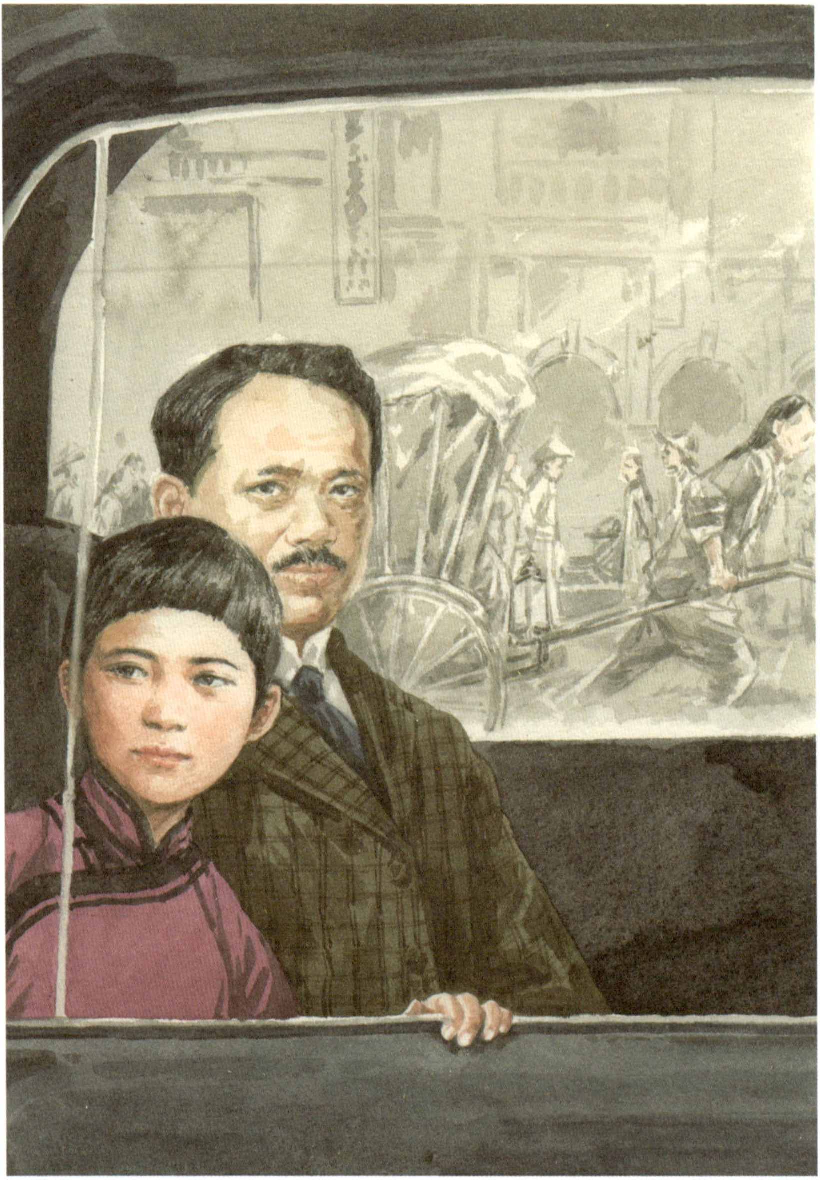

甚是欣慰。现在你年龄还小，先好好学本领，将来用得着的。大清已病入膏肓，清政府不可救药。中国的知识分子和民众已经开始觉醒，只是很多人报国无门，国人更多的是无奈，尤其是'弱国无外交'的无奈。"说到这里，宋耀如不由自主地提到了孙中山的理想和主张，还说孙博士原本在香港学医，想成为一名西医医师。可是后来，他目睹中华民族有被西方列强瓜分的危险，毅然抛弃条件优越的医生职业，下决心要护国、救国，对抗外来侵略。1894年，孙中山已经在美国的檀香山创立了兴中会。他说清政府太腐败、太无能，必须努力联合各方力量，推翻清王朝，建立民主共和国。

"你知道这需要多大的勇气和胆魄吗？弄不好会被杀头，甚至株连九族的。"

宋庆龄听着父亲的介绍，从心底敬佩孙中山这样的英雄。她从小生长在温暖有爱的家庭，但走出家门，耳闻目睹的都是苦难深重的同胞、内忧外患的祖国。她把这一切看在眼里，记在心里，真诚地期盼勇敢的孙博士心想事成，早日赶跑侵略者，让中国真正独立、强大。

宋庆龄进入中西女塾读书，用的是英文名字"罗莎蒙黛"。中西女塾也被称作"墨梯女校"，创办于1892年，是那时上海数一数二的教育思想相对开放的女校。当时的妇女目不识丁者十之八九，女孩能上知名女校接受教育，可谓凤毛麟角。这也是宋庆龄的姐姐宋蔼龄的母校。

中西女塾以"培养亦中亦西的通才"为宗旨，全力培养志趣高雅、学识博雅、形象优雅的女生。它的校训是独立、能干、关爱、优雅。此外，这里还有一个特色，就是十分注重体育运动。学校有一道铁规，那就是体育不及格者不能升级。校长和老师都提倡大家平时骑自行车，还鼓励她们学游泳、骑马、打网球、做哑铃操……校园里活跃着一大帮身手矫健、精力充沛的女生。那时的宋庆龄喜欢运动，努力把自己锻炼得姿态美好、肢体灵活，充满青春的朝气。

学校选用的教材只有文言文是汉语，其他都是英文，跟英美学校的教材差不多，上中文课程讲汉语，上西方课程讲英语。课程还包括现代数学（当时称为算术学）、理化与自然科学，以及钢琴、家政等。

宋庆龄十分珍惜上学的机会，她知道在世道不稳、生产力低下，大多数民众缺衣少食、为生活奔波的年代，能进入中西女塾学习，是十分难得的。

学校的学生大都家境不错，其中不乏名门望族、社会政要家的女孩。好在中西女塾不是外人想象中的"名媛"学校，它坚持教育理想，学风端正，老师对所有的女生一视同仁。

曾有记载，学校里部分美国老师"铁面无私"，有个学生的父母地位显赫，但她学习不上心，老师经常不客气地说："你用点心吧，这么糟糕的成绩，怎么跟你家人交代！"

中西女塾校纪十分严明，规定学生全部住读。在校期间，一律不得佩戴任何珠宝首饰；穿衣梳妆全部自理，还必须把自己的床铺、起居用品收拾得一丝不苟。如果学生站在走廊上交谈，必须靠一侧，不能妨碍他人行走。

在这里，找不到一个浓妆艳抹的女生，也没有女孩之间相互攀比物质条件的现象。在校内，学生每顿饭都吃集体餐，八人一桌，饭菜十分普通，饭桌上时常会出现女孩们不喜欢的菜品，比如咸鱼，有的女孩只好悄悄从家里带点八宝辣酱来佐餐。

至于女孩们穿什么鞋子、梳什么发型，学校也有规定：在校以皮鞋为主，不可以光脚穿鞋，也不能穿高跟鞋；头发可以编成辫子或留短发，不允许披着长过肩的散发。

女孩们的校服质地接近棉绸——学校会发布料给大家，让她们拿回家，请裁缝做成罩衣，套在各不相同的袍子外面，这样在校时大家的服饰就统一了。学校发的料子往往都是豆绿色，所以有女生自嘲，说穿这种颜色的罩衣看上去像是"熏青豆"。

那个时候，女学生的衣服式样比较单一，一般也就两种：一种叫文明新装，那是融合西洋元素和中国传统而形成的服饰；还有一种就是旗袍。

宋庆龄不在乎料子或颜色，努力做到整洁、典雅。她少女时代拍过一张照片，神情纯洁，身上穿的仿佛就是文明新装：一件腰身细窄的大襟袄，袖短呈喇叭状，袖口七寸左右，有点儿"倒大袖"，做工细致，衣服下摆是圆弧形，领、襟、袖等处缀有花边。

中西女塾也有顽皮的女孩，偶尔出格闯了一点儿小祸，老师会吓唬她："你再这样，就不准回家。"

当时，中西女塾的校规是允许学生两星期回家一次，对于学生而言，回家是她们最盼望的事。此外，每星期有两个下午，学校允许亲属来探视，但仅限于女性；如果男性要来探视，则必须是学生的父兄，或家长指定的监护人。

一些平时依靠保姆服侍、习惯饭来张口衣来伸手的娇气大小姐感觉很失落，大呼校规太严格，吃不消。但对宋庆龄而言，这算不上挑战。宋家的家教十分严格，孩子们从小就学会了自己的事自己做，不仅勤快、能干，还养成了节俭的好品德。宋耀如夫妇痛恨挥霍之人，他们绝不容忍自己的孩子身上有挥霍的苗头。这样的好家风，早就化为宋庆龄的习惯。

老师和同学很快就发现宋庆龄与众不同，这个美丽文静的短发女孩住校后把自己的学习和生活安排得井井有条。她真心喜欢学校浓厚的读书氛围，上每一门课都兴致勃勃，连学校开设的烹饪、刺绣、编结和家政课，她都踊跃参加，学得津津有味。

宋庆龄在校内学业出色，待人真诚友善，对事物有探究精神。她在英语和文艺方面是佼佼者，多次参加学校的话剧排演和游艺会的演出。她演出的时候十分引人注目，每每都以美丽的形象、传神的演技、落落大方的气质，以及良好的台风征服观众，获得老师和同学的高度赞扬。事隔多年之后，依旧有同学在玫瑰红外壳、封面烫金粉的日记本上回忆"罗莎蒙黛"在剧中扮演公主的情景。

宋庆龄入学后的成长和进步父母看在眼里，无比欣慰。她的那份快乐和喜悦还感染了宋美龄，小妹妹一天也不想等了，非要和庆龄一起去中西女塾上学。

父母拗不过美龄，把她也送进中西女塾。入学那会儿，宋美龄才五岁多，肉乎乎的，很可爱。她胆大、敢说敢笑，天真活泼。宋庆龄的同学们给这个淘气的女孩起了一个外号叫"小灯笼"。后来看她年纪实在小，连书桌也够不上，学校只好安排她上幼儿班。老师们了解宋庆龄的能力，之后便贴心地把姐妹俩安排在同一个宿舍。

宋庆龄默默地承担起了校园"小家长"的责任，耐心而细致地看护美龄。白天照料她的起居，夜晚哄着她入睡。美龄也很依赖姐姐，只是她年龄实在太小了，适应不了女塾清苦、紧张的集体生活。很快，宋美龄想家了，夜里难受，睡不着，父母只好领她回家了。

宋耀如很在意自家的儿女，喜欢和子女们打成一片，对他们几乎有求必应。他是个称职的父亲，重视锻炼孩子们的忍耐力，经常和他们爬山、在野外露营，甚至一起经历风雨天气，以此磨炼孩子们坚韧不拔的意志，激发他们勇于接受挑战的信念。他自己得益于少年时求学、拼搏而改变命运，所以特别注重让孩子们接受教育，开阔眼界。

留学的经历使宋耀如视野宽阔、思想开明。他不重男轻女，认为男女都一样，提倡女孩和男孩都要自立、自信、自强，具有社会责任心，将来成为对国家有用的人。他让孩子们平时进行中英文双语训练，说："这是为了让你们以后出去看看这个世界。不过你们出去后必须回来，不要做洋人，要把学到的知识奉献给祖国。"

这种平等、博爱、包容的教育理念，在当今也属先进，对于当时思想封建的家庭来说更是超凡脱俗。所以宋家的孩子无疑是幸运的，他们从小不被封建的条条框框所限制，天然地长大，思想活跃，十分新派。

这位父亲对二女儿庆龄非常上心，关爱无微不至。他发现庆龄爱听故事，爱阅读，便常常在书店买书作为礼物送给她，还特意从国外购置大量英文读物给她。

宋家孩子们的文艺细胞大多来自宋耀如的夫人倪桂珍，她出身书香世家，其母徐氏是明朝大学士、《农政全书》

的编著者、著名科学家徐光启的第九代后裔。倪桂珍天资聪慧，奋发努力，四岁练写字，幼年进入川沙的私塾，十四岁就到市区读女子高中，喜欢弹钢琴，内心虔诚而坚定，是一位优秀的知识女性。

倪桂珍对孩子们要求严格，从不溺爱，她认为溺爱会导致孩子产生依赖性，日后难成大器。她除了教他们读中国古典书籍之外，每到星期六、星期日或寒假、暑假，还会请来拉丁语教师和英语教师为孩子们"开小灶"。她时刻告诫孩子们不能养成偷懒、撒谎、饮酒、赌博等不良习惯。

倪桂珍在道德方面也为子女做出了榜样，她常常给贫苦人家送粮食，还帮忙照看社会上一些有病的孩子。在民族大义方面，她也表现得极为出色，每次丈夫拿出大量家资去资助革命党，她都支持，从未有过异议。

宋庆龄特别信服母亲一丝不苟、清清白白的处世哲学，她和姐妹、弟弟们都很爱母亲，因为母亲品格高尚，懂得生活乐趣，无论环境、条件好或者不好，她都尽力把孩子们的生活安排得快乐而舒适。

宋庆龄从小富有才华，弹得一手好钢琴，这都得益于父母的培养。孩提时，她就受家庭艺术氛围的熏陶。母亲爱弹奏钢琴,父亲喜欢唱歌,逢年过节,或者家人过生日,都会请亲友们来聚会。每到这时,家里往往像在开一个即兴的歌舞晚会,大人孩子纷纷表演节目,给欢乐的聚会助兴。

不知不觉,大姐宋蔼龄继承了父亲歌唱的爱好,宋庆龄爱上了钢琴,三妹宋美龄学会了跳舞、画画。宋家三姐妹个个多才多艺,聪明有才华,博学有见识,姐妹间也相处得融洽,情感深厚,亲密无间。

第三章

奔赴大学

她从不惧怕变化,并相信自己的成长能力,况且她还有好朋友相伴。她把心思放在学业上,课余时间大量地浏览报刊,关注着国内的局势。

1907年，宋庆龄从中西女塾毕业。

宋耀如早年通过求学改变了自己的命运，所以他早早地为子女设定了海外求学的教育路径。这一年，清政府组织考试，遴选赴美留学生，宋庆龄入选。

对于父亲为她和美龄安排的去美国求学的计划，宋庆龄并不惊讶。因为此前，姐姐宋蔼龄从中西女塾毕业后已经先行远赴海外，此刻正在美国留学。父亲对三个女儿一视同仁，下定决心要把他认为更好的教育方式给予她们。

有段时间，细心的宋庆龄发现父亲越来越频繁地叮嘱她和妹妹美龄，说即将送她们去海外留学，学成后务必要回国报效祖国，她便好奇地询问："父亲，我和妹妹何时出发？"宋耀如摇摇头，他给不出具体的时间。

眼看着开学日期日益临近，宋耀如心里焦急，两个女儿年龄尚小，加之赴美路途遥远，让她们单独出门他有些不放心。这位慈父思前想后，暗自苦恼，只是这样的心情，他不愿轻易表露。

直到有一天，宋耀如得知他的连襟温秉忠即将再度出访美国。于是他赶紧约温秉忠在湖心亭喝茶。温秉忠作为清政府第二批官派留美学生中的一员，学成回国后在上海工作多年，这次去美国是进一步考察教育体系。他为人热诚、周到细致，是护送庆龄、美龄两姐妹赴美留学的最佳人选。

湖心亭在离宋家不远的老城隍庙，也是上海滩最早的茶楼。名不虚传，这座茶楼立于湖心，飞檐翘角，很有雅趣。两个好友兼连襟上了茶楼，满目典雅的摆设，圆桌和凳子都是红木的，他们在桌前坐下，喊了一壶茶，聊天叙旧，嗑了一会儿瓜子，又推开窗子，看着九曲桥上来来往往的行人与桥下欢跃游动的红鱼。

宋耀如询问对方赴美的行程，随后将请求和心愿一一坦陈。温秉忠听后，哈哈一笑，说："我是庆龄、美龄的姨父，这区区小事岂有不应之理！"

宋耀如赶紧替两个女儿订下和温秉忠同一班的轮船，倪桂珍则忙前忙后地为两个女儿准备行装。

就这样，宋庆龄带着妹妹宋美龄，随姨父一起登上了"满洲里"号轮船，经过一段时间的航行，一行人顺利抵美。温秉忠按宋耀如的安排，送庆龄和美龄先去新泽西州萨密特镇的波特温学校进修英语。

次年，宋庆龄正式进入威斯里安女子学院。

此时，宋蔼龄已经在威斯里安女子学院求学两年，她十五岁就到美国了。久别的两姐妹在遥远的国度重逢，自然是欢呼雀跃，激动无比。她们彻夜谈心，好像有说不完的话。

宋蔼龄学业出色，性格果敢，一度成为威斯里安女子学院的新闻人物。此前，姨父温秉忠作为中国教育考察团的一员访美，西奥多·罗斯福总统在白宫宴请代表团，宋蔼龄跟着温秉忠一同出席。宴会开始前，罗斯福和代表团的成员握手，记者的镁光灯闪个不停，听到温秉忠介绍宋蔼龄目前在美国自费留学，罗斯福转过身子，问及宋蔼龄对美国的印象。宋蔼龄礼貌地作答后，话锋一转，耿直地说出自己初到美国时的遭遇：她为求学来美国，却在入境时遭到非难，差点儿被粗暴地拒于门外，她在港口的船上整整耽搁了四个星期。

一旁的温秉忠听到蔼龄说这些，额头直冒汗，他根本想不到这个十几岁的女孩这么胆大。在场的记者争先恐后地报道了此事——年轻的宋蔼龄批评美国的"民主"，一度成为当时关注度很高的话题。

对于远渡重洋到异邦的宋庆龄来说，姐姐宋蔼龄的相伴可以说是一场及时雨。一位女孩在留学初期的思乡之情、受到的文化冲击以及遇到的各种障碍，一时间缓解了不少。在异国他乡，虽没有父母照顾，但姐妹们互相爱护，依然能享受到浓厚的亲情。

地处美国佐治亚州梅肯市的威斯里安女子学院是一所有情怀、有故事的大学。它创立于1836年，原名佐治亚女子学院，1843年改名为威斯里安女子学院，附属于联合卫理公会教堂。当时妇女地位低下，没有进大学受教育的权利，佐治亚州梅肯市某些具有超前意识的人认为，应赋予女性同等接受教育的机会，于是他们创建了这所女子学院。该校的办学方针极富前瞻性。

这是全世界第一所向女性颁发学位的高等学府。宋蔼龄、宋庆龄、宋美龄三姐妹曾先后就读于威斯里安女子学院，她们的名字都在学院的注册登记表上。

学院规模不大，校园绿茵环绕，那时仅有一座主楼——一幢维多利亚式的华美楼房。学院里人数不多，但那一拨女生都很出众，才华横溢，有创新精神，富有同情心。

宋庆龄攻读文学，在学院期间阅读了大量的文学名著，她发现最能打动自己的却是历史书，尤其是描绘中国历史的典籍。

大学期间，宋庆龄积极参加社会活动。1913年的威斯里安女子学院校刊上，有宋庆龄曾担任该校校刊编辑和哈里斯文学社秘书的记载。

宋庆龄还在学院里结交了一些有思想、有才华的好朋友，其中，有一位挚友叫阿莉·曼（本名为亚历山德拉·曼·斯利普，阿莉是对她的爱称）。阿莉·曼为人真诚，活泼开朗，每次看到宋庆龄，都会不由自主地歪着可爱的小脑袋，露出甜美的微笑。两个女孩经常在一起谈心，相处愉快。后来她们一直保持着友谊，双方的通信持续了六十多年。

宋庆龄和阿莉·曼拍过一张合影，照片上金发碧眼的阿莉·曼亭亭玉立地站在宋庆龄身旁。宋庆龄衣着温文尔雅，她头戴一顶精致的凉帽，身穿浅色短款上衣，上衣领子和衣襟的花纹独特，仪态美丽大方，充满青春活力。当时宋庆龄在美国穿的衣服，大都从上海寄去，由中国传统衣料制作而成，剪裁合体、款式优雅，非常贴合她的东方气质。

不久之后,大姐宋蔼龄从威斯里安女子学院毕业,那是1909年。

姐姐宋蔼龄的离去对身居异国的宋庆龄来说是一个考验,毕竟自从到美国就读,她身边一直有一个爽利、干练的大姐,姐妹俩遇事有商有量,给了她很大的安慰和鼓励。

好在少女时代的宋庆龄是坚强的、理性的,她从不惧怕变化,并相信自己的成长能力,况且她还有好朋友相伴。她把心思放在学业上,课余时间大量地浏览报刊,关注着国内的局势。

阿莉·曼非常理解宋庆龄,欣赏她强烈的爱国心和责任感。而有一些喜欢玩的女生则很不理解:为何这个漂亮的中国女孩不热衷于社交和聚会,老是穿梭在图书馆、资料库?她们有时也会忍不住问宋庆龄:"周末来参加我们的聚餐吗?""周六有生日舞会,你来吗?"或者劝她:"你应该无忧无虑,不必过多考虑那些国家大事。"

宋庆龄大方一笑,从容地回答:"我对祖国将来的事充满期待和希望。我不能不想中国,更不能忘掉中国。我要

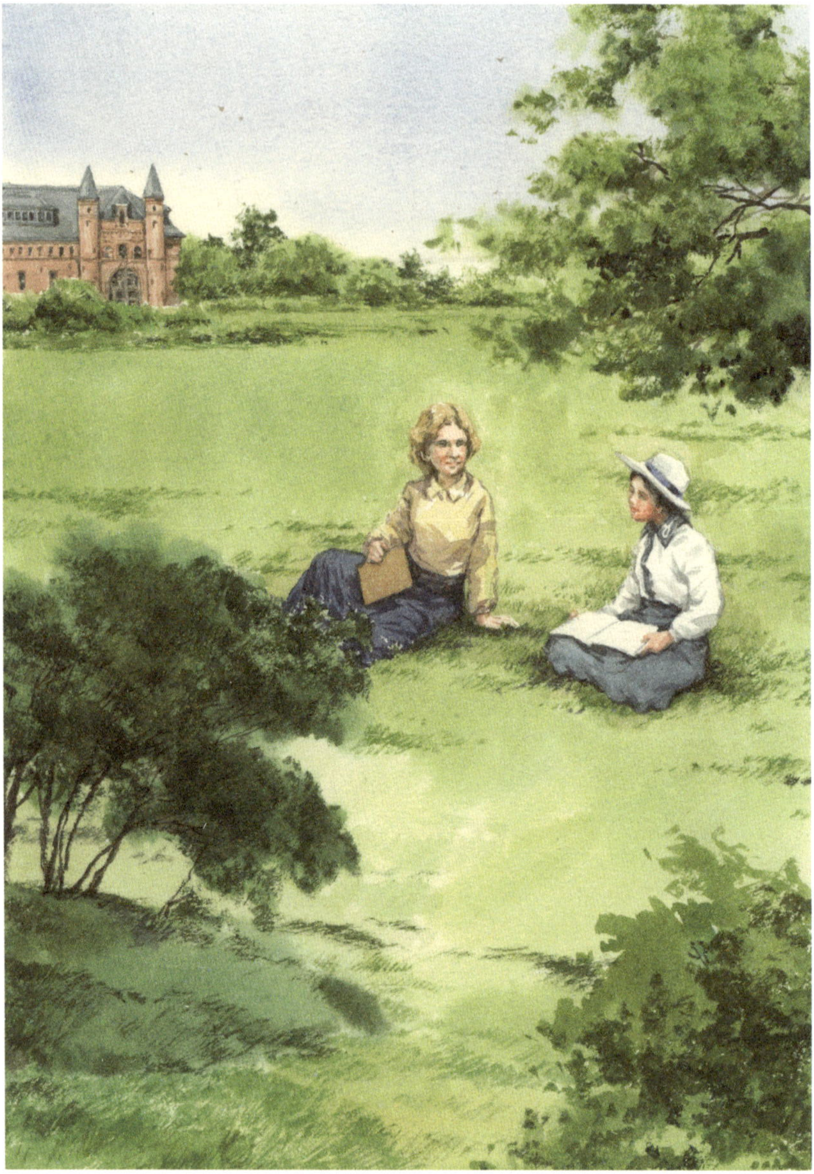

第一时间读到有关祖国的消息。"

很多年过后，宋庆龄的大学同学、老师、图书管理员还能清晰地回忆起，有一位秀丽的黑眼睛黑头发的东方女孩，一直是图书馆、资料室的常客。这个沉稳、坚定的东方女孩酷爱看书，不仅喜欢看小说，还喜欢看其他"远超她这个年龄的姑娘感兴趣的书籍"。

宋庆龄在学院的校刊任编辑时，发表了四篇文章，如今在当年的校刊上还能找到她的名字和有着坚定的目光、洋溢着自信的照片。

身在异国，宋庆龄一天也没停止过对国内动态的关注。父亲宋耀如知晓女儿的心性，一直千里迢迢地寄书信和剪报给她，让她宛如置身于祖国那样感同身受。他还以自己敏锐的洞察力和她谈国内的局势，不知不觉中点燃了宋庆龄内心投身于如火如荼的革命事业的强烈热情。

宋庆龄时刻思考着中国革命的更深层次意义，也思考着妇女解放事业，很快她注意到了国内风起云涌的大变动。1911年夏天，湖南、湖北、广东、四川等省相继爆发保路运动，民情激奋，冲突一次比一次激烈。10月10日晚，武昌起义爆发，新军工程营的革命党人打响了武昌起义的第一枪。汉阳、汉口的革命党人在10月11日夜、10月12日接连攻占汉阳和汉口。起义军掌控武汉三镇后,成立了湖北军政府。

武昌起义胜利后短短两个月内,湖南、广东等十五个省纷纷脱离清政府,宣布独立。人们在推翻清朝专制帝制、建立共和政体上跨出一大步。宋庆龄看到革命热潮在全国范围内掀起,十分兴奋。

这场巨大的历史变革,促使腐败无能、病入膏肓的大清帝国迅速土崩瓦解。这一系列发生于中国农历辛亥年(1911年)的革命运动,后来被统称为"辛亥革命"。

1912年农历新年过后,宋庆龄收到了父亲宋耀如寄的越洋邮包。她赶紧打开,一看,是一面新国旗。在信中,父亲激动地告诉宋庆龄,元旦那天,孙中山已经宣誓就任中华民国临时大总统。宋耀如还在信里绘声绘色地描述了他和宋庆龄的母亲一起到南京出席孙中山就任中华民国临时大总统典礼的见闻。

宋庆龄年轻的心激荡起伏,久久无法平静。她瞥见宿舍里的大清国龙旗,果断地扯下它,因为它代表的是一个过去了的时代。她兴致勃勃地挂上中华民国五色旗,一边兴奋地端详，一边想象自己和远在中国的父母一起高呼拥护共和制的口号。

辛亥革命在政治上、思想上给中国人民带来了不可低估的解放作用，开创了完全意义上的近代民族民主革命，推翻了统治中国几千年的君主专制制度，建立起共和政体。君主专制制度的终结极大地鼓舞了民心，以巨大的震撼力和影响力推动着中国社会变革以及中华民族思想解放的进程。

这正是宋庆龄心目中的传奇英雄孙中山引领的大变革，气势宏大，中国社会因此迈出了伟大的步伐。宋庆龄为祖国的进步而欢呼，满怀激情地写下了《二十世纪最伟大的事件》一文，盛赞辛亥革命是非常光辉的业绩，因为这意味着四万万人民从君主专制制度的奴役下解放了出来，是一件造福人间的喜事。

她多次和好朋友阿莉·曼提起中国政治改革家、中华民国的创始人孙中山先生。此时连她自己都想不到，往后命运会让自己与这位伟人"同甘苦，共患难"。

她还尽情地褒奖中国的剪辫运动，说中国成千上万的男子留辫子，是中华民族耻辱的象征，这样的附属物应该舍弃。她憧憬着，占世界人口四分之一的中国，国土广袤富饶，文化光辉灿烂，在推动人类进步的事业中发挥巨大的影响力。

1913年5月，宋庆龄从威斯里安女子学院毕业，获文学学士学位。在学院校刊刊登的毕业照上，正值二十岁的宋庆龄眼神深邃、神情从容，蕴含着青春的活力与创造未来的力量。照片旁留有赞美的题词：她的双眼和额头流光溢彩，映衬着内心的光彩。

启程回国前，她特意抽出时间，去波士顿看望在哈佛大学就读的弟弟宋子文，以及当时也在波士顿附近读书的妹妹宋美龄。

这一次相聚非常和谐、欢乐，处于青春年华的他们还没有真正进入社会，个个心无旁骛，深深地沉浸在单纯的手足之情中。几个兄弟姐妹愉快地留下了合影，照片上的他们有着青春的姿态、青涩的脸庞、含蓄的微笑，眼神中透着胸有成竹的自信。

宋庆龄的波士顿之行，赶过来相聚的还有她的表哥牛惠生、表妹牛慧珠，他们是姨妈倪桂金和姨父牛尚周的儿女。宋庆龄和从小相伴长大的表哥、表妹见面，非常开心。

姨父牛尚周是清政府第一批官派留学生中的一员，他认为孩子们去国外接受教育有助于他们的成长。几个孩子长大后，他便相继把他们送出国。

在父母的支持下，牛惠生到哈佛大学读书，获得医学博士学位后，回国开创事业，成为著名的骨科医生。他的哥哥牛惠霖则去了英国留学，学成归国后也成为一名医生。民国时期，兄弟两人在医学界享有崇高的声誉。和宋庆龄在波士顿相聚的牛家长女牛慧珠，回国后与留学哈佛的过养默结婚成家。之后，过养默开了一家建筑设计制造公司——东南建筑公司。

宋庆龄圆满结束了她的大学生涯。离开美国前，善解人意的她给家人买了贴心的礼物：糖浆和酒。

那时的宋庆龄风华正茂，正值最好的年华。

她是如此幸运，在封建落后的年代，生在开明的家庭，从小得以接受丰富而多元的教育，培养出超强的学习能力；她又如此勤奋好学、自强不息，不断通过努力超越自身，拥有了这个年龄的人少见的判断能力和深度思考问题的能力。可以说，理想远大、见识广博的她对局势、对前途有着清晰的认识，这为她日后传奇的革命生涯打下了坚实的基础。

但是很快，国内就传来了坏消息，政治形势变幻莫测，孙中山的处境十分不妙。

一年多前，孙中山经过多年革命奋斗，率众推翻清王朝，建立起了新的共和国，他被推选为中华民国临时大总统。可是仅仅过了几十天，辛亥革命的胜利果实就被袁世凯窃取了——这个帝国主义的走狗、军阀、独裁者夺得政权后，一心想要颠覆刚刚诞生的共和国，还对一些仁人志士进行残暴的暗杀，意图扫清障碍，复辟称帝。

1913年，孙中山为了实现建设一个现代的、进步的、民主的中国的伟大理想，发动"二次革命"。但以袁世凯为首的篡权者把孙中山当成心腹大患，视他为眼中钉，千方百计地加害于他。

二次革命失败后，各地军阀割据，国家四分五裂，政治气氛异常诡异，革命进入了风雨飘摇的低潮期，孙中山的处境越来越危险。面对袁世凯大肆通缉革命党人、想要将革命的火种彻底扼杀的危急情势，孙中山和部分革命党

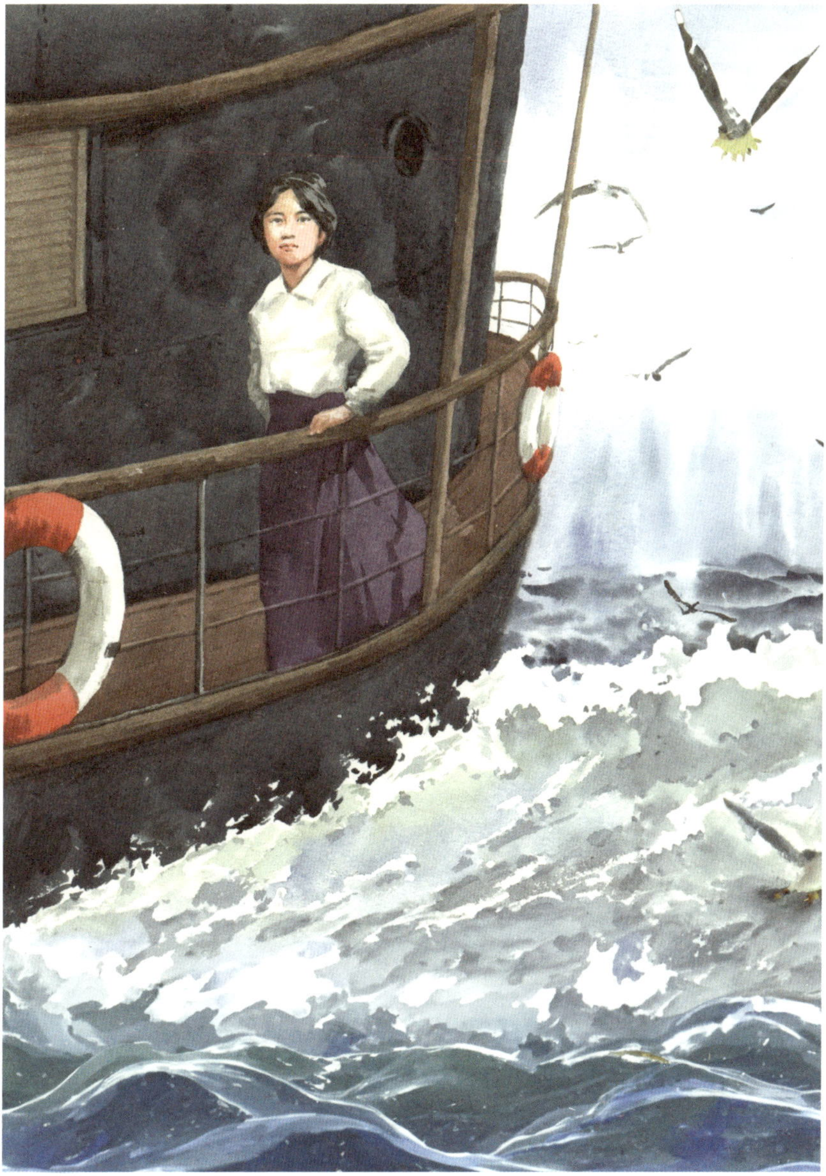

人避居日本,在那里继续着反抗袁世凯的斗争。

宋庆龄的父亲宋耀如一直是孙中山的好友和支持者,从1912年起,他就随同孙中山筹办中国铁路总公司,成了其忠诚有力的革命战友。孙中山的革命事业遭受打击,宋耀如也受到牵连,宋家陷入了风雨飘摇的险境。

为了保存革命实力,也为了日后能继续支持孙中山,宋耀如放下了国内的所有事务,改名换姓,带着家人到日本,和孙中山并肩战斗。

宋庆龄知晓了家人陷入的现实困境,决定暂不回上海,绕道去日本,她期待和父母一起支持孙中山。

1913年8月,宋庆龄乘坐"高丽"号游船航行在太平洋上,她在船上给自己的老师写信诉说了当时的心情。

经过长时间的海上颠簸,宋庆龄如愿以偿地抵达日本横滨,与家人团聚了。这本是她设想过无数次的幸福一刻,然而现实却令人唏嘘。二次革命失败对父亲的打击太大,此刻来码头接她的父亲面有倦容,两鬓白发斑斑。宋庆龄与母亲相拥时,发现母亲亦不如之前雍容、安详。

母亲拉过宋庆龄的手,忍不住说:"想不到这世道、时事那么险峻。"

宋庆龄心里一紧，孝顺的她心疼母亲整日为国家、为一大家人的安危和前途忧心。

这个家不比从前了，国家更是如此。看到和听到的现状，促使宋庆龄进一步思考中华民族的前途，思考未来的中国该何去何从。她祈望黑暗和阴霾快快过去，新的社会变革早点到来，革命早日成功。

第四章
最信赖的人

随着朝夕相处的深入了解,又共同经历了艰难的革命岁月的考验,他们成了最好的朋友。畅所欲言、深入灵魂的交流令他们愈加默契。

1913年8月29日,二十岁的宋庆龄独自经过辛劳而漫长的远洋航行抵达日本。从那之后,她再没去过美国,自然也无缘再去威斯里安女子学院。

到日本后不久,宋庆龄随父亲前去拜访孙中山先生,姐姐宋蔼龄也在场,那时她担任孙中山先生的英文秘书以及机要秘书已有几年。

当时的中国,无人不知孙中山。宋庆龄对这位声名远播海内外的革命家除了尊敬、仰慕,还有说不出的亲切感。父亲是孙中山先生的忠实支持者,又是情谊笃厚的密友。从小耳濡目染,宋庆龄脑海里的孙中山形象非常高大,也非常熟悉,虽然那时她不知道他将是一个对她有重要影响的人。

这是成年后的宋庆龄第一次近距离接触这位伟人,她称呼了一声孙博士,多少有点儿紧张和拘谨。孙中山笑容温和,他的儒雅和健谈让宋庆龄如沐春风,距离感像薄薄的初雪似的,不知不觉消融了。他们越谈越开心,十分投机。宋庆龄想不到知识渊博、思想高深、心怀天下的孙中山,言谈竟十分风趣,说说笑笑,一点儿也不古板。于是她心里愈加敬佩他,将这位如父如兄有丰功伟绩的大英雄视为自己的革命偶像。

孙中山1866年11月12日出生于广东省香山县翠亨村，名文，号逸仙，化名中山樵，是伟大的民族英雄、伟大的爱国主义者、中国民主革命的伟大先驱。

这位伟人的人生经历极不平凡：少年时代起，他就不满于祖国的贫困落后，立下了振兴中华的志向和抱负。十三岁时，孙中山第一次出国去找哥哥孙眉。孙眉早年在美国的檀香山（今夏威夷州）做工，后在岛上开了一个小牧场，他资助弟弟在当地求学，打算让他毕业后和自己一起经营牧场。

可是孙中山立志救国救民，满脑子装着反清思想，成天挥斥方遒，只关注国家命运，对经营小牧场毫无兴趣，孙眉担心弟弟有朝一日会惹出大麻烦，于是把他送回了国。

孙中山回到家乡后，和好友陆皓东一起把庙宇里的神像砸了，宣布那是封建、落后的象征。少年的叛逆在保守的家乡引起了巨大震动。孙家长辈怕惹出事端，赶紧把他送到香港去读书。

过了几年，家人看他沉稳了些，就在家乡替他物色了一个不识字的姑娘结婚，想让他从此收心过小日子。

孙中山在香港学成后成了一名西医医师，一切仿佛安定下来。在香港求学和澳门行医期间，孙中山目睹了清政府的专制和腐败，发现中华民族有被西方列强瓜分的危险，热血澎湃的他毫不犹豫地抛弃"医人生涯"，投身于"医国事业"。他振臂高呼，公开提出要以资产阶级共和国的政治方案改造中国。他发表了很多反清言论，并努力付诸行动。

1905年8月，孙中山与黄兴等人成立了中国同盟会，孙中山被选举为同盟会总理，他提出的"驱除鞑虏，恢复中华，创立民国，平均地权"被定为同盟会的政治纲领。接着孙中山又在同盟会机关报《民报》上发表了发刊词，提出"民族""民权""民生"三大主义。

同盟会成立后，孙中山派人去各地宣传共和思想，建立同盟会分支。他本人也亲力亲为，在1905至1906年间，奔赴东南亚各地向华侨宣传政治主张，一边募集经费，促进同盟会革命运动的发展，一边发动更多的民众投身反清反封建帝制的变革中。

孙中山的这一系列举措为辛亥革命的爆发推波助澜，做了有力的准备。1906至1911年间，同盟会在华南组织武装起义。1907年12月镇南关起义，孙中山亲自奔赴前线参加战斗，极大地鼓舞了官兵的革命士气。

1911年4月27日,广州黄花岗起义虽以失败而告终,但各地革命党人前赴后继,英勇斗争,不断给清政府以沉重的打击,给了全国民众,特别是怀有反清思想、追求社会进步的人们以信心和底气。同年10月10日,武昌起义的胜利,成为对清王朝发动总攻的突破口,继而,全国燃起了燎原烈火,各省纷纷响应。这年年末还发生了一件大事,当时十七省的代表采取每省投一票的方式,以十六票赞成推举孙中山为中华民国临时大总统。

1912年1月1日,孙中山在南京宣誓就职,宣告中华民国临时政府成立;2月12日,宣统帝下诏退位。这起惊天动地的大事件向全世界庄严宣告:中国变了,清朝二百六十多年的统治,连同两千多年的君主专制制度,彻底被推翻了。

临时政府成立后,孙中山颁布了《中华民国临时约法》,但在当时的历史条件下并没有实际的约束效力。在帝国主义和国内多方封建势力千方百计地反攻下,也因为革命党本身的局限与分裂,孙中山被迫在1912年2月辞去了临时大总统的职务。

此后的一年多,孙中山积极主张民生主义,兴办实业拯救中国。他亲自担任"全国铁路督办",筹措外资修筑铁路，计划营建二十万里铁路，试图通过这一系列举措革新旧制，迅速提升国力。

但此时中国的政权已落在野心家袁世凯手中，他一心盘算着复辟、称帝，将新生的共和国扼杀在摇篮中。他明里暗里地阻挠孙中山的宏伟计划，破坏的阴谋一个接一个，妄图击退追求进步和向往光明的革命大潮。

孙中山没有动摇，1912年8月，同盟会联合其他几个政党改组为国民党，他被大家推举为理事长。令人意想不到的是，1913年3月20日夜，孙中山的得力助手、国民党的代理理事长宋教仁由上海启程去北京时，在上海火车站被刺杀身亡。这次暗杀，所有的证据都指向袁世凯之流，是他们策划实施了这次罪恶的行径。

义愤填膺的孙中山和他的战友们在1913年7月发动了"二次革命"，组织武力讨伐袁世凯。但因国民党力量涣散，二次革命失败。之后，袁世凯变本加厉，他下令解散国民党，通缉孙中山。不久，袁世凯又废除了《中华民国临时约法》。

宋庆龄在日本和孙中山相见之时，这位伟大的革命先行者正经历低潮时期的煎熬，他内心对革命充满希望，也充满紧迫感。他对国家和人民有信心，在努力寻求方向，以重整旗鼓，想到未竟的革命事业，他热血沸腾；与此同时，他也敏锐地意识到了封建社会的弊病根深蒂固。久经风雨的孙中山富有斗争经验，性格坚韧不拔，他没有双眉紧锁，也不会低沉消极。

当时的日本外务省每天秘密地记录孙中山的日常活动，于是留下了宋耀如多次带宋庆龄拜访孙中山的记录。

宋庆龄深深敬佩百折不挠的孙中山。她的姐姐宋蔼龄看在眼里，心中萌生了一个想法，只因当时宋蔼龄正要辞去孙中山的机要秘书之职。

宋蔼龄从美国学成归来时，就跟着父亲宋耀如去见了孙中山。因为宋蔼龄在美国留学期间对西奥多·罗斯福总统"勇敢发声"，父亲宋耀如一直以女儿为荣，他隆重地将女儿蔼龄推荐给好友孙中山。孙中山看到了宋蔼龄的与众不同，邀请她担任自己的英文秘书和机要秘书。从孙中山担任中华民国临时大总统前开始，一直到1914年。

孙中山和山西富商孔祥熙相熟，宋蔼龄担任孙中山的机要秘书期间，孔祥熙通过孙中山结识了宋蔼龄，被她的气质和个性吸引，两人交往几年后，打算举办婚礼。孔祥熙希望宋蔼龄婚后打理孔家的家业，她面临何去何从的难题，内心很矛盾。宋蔼龄敬重孙中山，眷念这份有意义的工作，眼看婚期越来越近，她知道是时候辞职了，但又时时担忧找不到合适的人选来接替。

要知道，给孙中山当机要秘书不是一份简单的闲职，而是不可或缺，责任重大。何况那时的社会形势非常危急、复杂，孙中山在国内外影响力巨大，工作千头万绪，日常事务繁忙，而他身边的工作人员不多，即便机要秘书辅助他完成了一部分，依然有一大堆重要的事务在等着他，他常常夜以继日地工作。

机要秘书，顾名思义就是处在核心位置上的秘书，这样的人不仅时刻面临新形势和新情况，还需要有视野、有能力周全地去应对和处理，更重要的是具有高度的机密性。这个位置不能轻易委托给人，更不能让不知底细的外人来担任。

宋蔼龄左右为难，要物色到有眼光、有能力，忠诚可靠、久经考验的人来接替，不是易事。万一找不到合适的人选，必定给孙中山先生添忧，让革命事业受损。

看到二妹宋庆龄对孙中山的崇敬之情，宋霭龄眼前一亮，仿佛看到了当之无愧的不二人选。宋霭龄太了解自己的二妹了，她意志坚强、忠诚可靠、富有才华、能力超群，不但能胜任这个工作，说不定还会在机要秘书的职位上大放异彩。

宋霭龄找了个空当，约宋庆龄一块儿喝下午茶，姐妹俩吃着果子，喝着抹茶，推心置腹地交谈着。性格爽利、快人快语的宋霭龄直截了当地说出自己的考虑，询问妹妹的想法。

宋庆龄听后，当即说："好啊，我乐意接替大姐的工作，担任孙中山先生的机要秘书。"

宋霭龄想了想，加重语气说："二妹，我知道你从美国学成后，面临好多机遇。可今天我把话说在前面，请你郑重选择，你要有充足的思想准备。现在革命处在低潮期，担任孙先生的机要秘书存在一定的危险性，而且工作非常繁重，会让你很劳累，毕竟每天要替孙中山先生处理大量的英文信件和机要事务。"

"因为极其艰难，危机四伏，我才更要接受。"宋庆龄莞尔一笑，说，"大姐，我来孙中山先生身边工作，是想为中国革命多做些事，不会怕苦怕累，也不可能后悔。"

宋蔼龄微笑着点点头，随后把情况汇报给孙中山，还特意找来宋庆龄之前发表的文章《二十世纪最伟大的事件》，让孙中山了解宋庆龄对新事物的理解和判断。孙中山在读这篇文章时，频频点头，称赞文章观点鲜明、感情真挚、文笔流畅、有理有据。他说想不到宋庆龄年龄不大，却这么有思想，很欣赏她的文风和革命热情。

宋庆龄到日本一年左右，宋蔼龄辞去了孙中山秘书的职务。那天下午宋蔼龄离开，孙中山特意放下手头的公务，亲自送她出门，和她握手道别，目送她的车子渐渐远去。

一切仿佛水到渠成，宋庆龄走马上任，终于如愿以偿地在敬仰已久的孙先生身边工作了，能帮到这位努力拯救中国的伟人，她觉得很有意义！宋庆龄兴致勃勃、全身心地投入到工作中，她感觉自己进入了一段峥嵘岁月，在为孙先生分忧、报国的同时，也在学习新知识和新思想。

面对繁忙的工作，宋庆龄丝毫不觉辛劳，每天沉浸在无比的快乐和激动中，很充实。那一阵，她在给妹妹宋美龄的信里写道："我从来没有这样快活过。我想，这类事情是我从小姑娘的时候起就想做的。我真的接近了革命运动的中心。"

实际上,那段时间形势颇为危急,革命事业受挫,孙中山因壮志未酬,心情变得沉重。但在艰难的特殊时期,每每看到温柔端庄、认真博学的宋庆龄,看到她整日废寝忘食,微笑着沉醉于工作中,孙中山就觉得很欣慰。见宋庆龄每天起草英文信件,联络全国各地和东南亚的革命党人,工作有条不紊,孙中山十分认可,随后又将美洲、伦敦等地的同盟会机要文件交给她处理。

宋庆龄尽力替孙中山分担,从不懈怠。认真专注的人,最能打动人心。不知不觉,秀外慧中、沉稳大气、独具魅力的宋庆龄成为孙中山最信赖的人,也成为他最好的学生和最得力的助手。

1914年6月,孙中山在日本东京组织中华革命党,希望恢复和发扬同盟会的精神。为了打击袁世凯复辟帝制,孙中山于1915年5月初回到国内,为捍卫共和制度而斗争。

孙中山无论在哪里,都能深切地感受到机要秘书宋庆龄对机要工作的热忱周到、尽善尽美,他感到宋庆龄仿佛一道亮光,照亮了他的工作和生活。他沉浸在温暖、欣喜中。

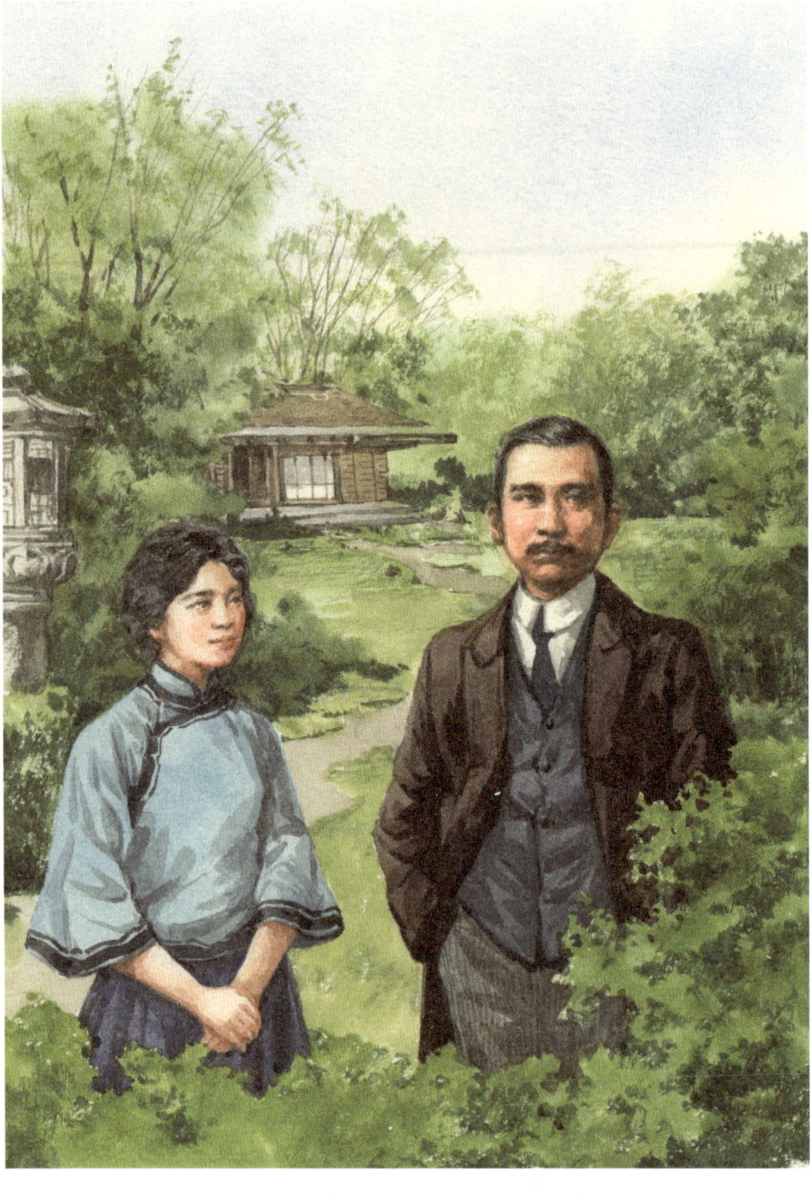

随着朝夕相处的深入了解，又共同经历了艰难的革命岁月的考验，孙中山越来越觉得这位年轻的女士可爱真诚、志向远大，富有才华与智慧。

渐渐地，他们成了最好的朋友。孙中山和宋庆龄谈自己的身世、家庭，很坦率，毫无保留。宋庆龄也倾诉自己的想法，有时会向孙中山提出问题。畅所欲言、深入灵魂的交流令他们愈加默契。孙中山越来越意识到宋庆龄成了他心灵上的慰藉。

1915年春天的一个日子，他鼓足勇气向宋庆龄吐露心声。他内心尊重这位出类拔萃的女性，沉思再三之后，把感情的决定权交到宋庆龄手里。

年轻的宋庆龄一向处事稳重，这一刻却陷入了喜悦和激动之中，不安和紧张纷至沓来，她意识到自己在做人生的重大抉择。她静不下来，一夜未眠，往事仿佛电影镜头似的闪过，年幼时她敬仰孙中山，敬佩他的无畏，感觉这人竟不怕杀头、不惧坐牢，坚决反抗清政府，是一个真英雄。当然，那时她对这位伟人是孩子式的热爱。

少年时代的她具有了强烈的爱国心，将革命先驱孙中山作为自己的榜样和偶像，无比关注他的动向，但那毕竟是远隔千山万水的爱戴。直到大学毕业来到日本,她担任了孙中山的机要秘书,和他共事,每天近距离地与之相处,并肩战斗,荣辱与共,日久天长,于是深深地依赖他。

天亮了,她跑出去,迎着金色的晨曦,路过一个个庭院、校舍。走着走着,太阳升起来了,树木、草叶散发出清新的气息,花朵吐露芬芳,她在蓝天和白云底下漫步,确认着自己的心意。

她敬佩孙中山的雄才大略、睿智不凡,他对革命的热忱,对国家和民族的抱负,还有他丰富的学识、风趣的谈吐、体贴的绅士风度和魅力……这一切挥之不去,早就深深地印入了她的心间。

很多年以后,宋庆龄谈及人要实现自身的价值时说,人要有追求,追求是人类最神圣的事业和美德,甚至高于爱情。她和孙中山先生的结合,有志同道合的缘故,也有对他的深厚感情和无尽敬佩。

1915年,对于宋耀如一家来说,是一个极其重要的年份。这一年,宋耀如带着全家从日本返回中国。回到上海后,宋庆龄还是悄悄地和在日本的孙中山联系,两个人书信不断。

10月的一天，宋庆龄得知孙中山已妥善解除了他之前的包办婚姻，就正式向父母提出要和孙中山结婚，遭到了父母的强烈反对。宋庆龄给父母留下一封信，便匆匆从家里跑了出去，和孙中山派来的人一起前往日本。她接受了孙中山的求婚，决定和他结为终身的革命伴侣，患难与共，共同为祖国开创光明的未来。

1915年10月25日，孙中山和宋庆龄签署婚姻誓约书，内容体现了两个人所珍视的男女平等的观点，这在当时是很少见的。之后这对夫妇补拍了结婚照，举办了结婚仪式。

结为夫妻之后，两个人携手努力，共同为伟大的革命理想而奋斗。

他们住在东京时，房子里挂满了地图，孙中山每天都要看地图，设想将来如何建设中国的铁路。他的藏书特别多，其中就有马克思的著作，两个人每晚一起读书、聊天，有时宋庆龄还为他朗读外国报纸上关于中国的报道。宋庆龄感到自己很幸福，因为孙中山既是自己的导师，同时也是自己的爱人。

很多年过去了，对于自己的婚姻，宋庆龄一直这么说："我答应与他结婚后，此生从未后悔过。"

第五章
义无反顾

宋庆龄跟随孙中山一路奔波，居无定所，经常还要冒着生命危险，但无论多艰难困苦，遭遇怎样的挑战，她从来没有后退半步。

1916年3月,当了八十三天皇帝的袁世凯,在四面楚歌中,不得不宣布取消帝制,结束了"短命皇帝"的闹剧。

至此,一场倒行逆施的复辟狼狈收场。

这是一个重大的胜利,共和思想从此深入人心,中国不再需要皇帝。

因国内局势和革命发展的需要,孙中山决定即刻启程回国。宋庆龄没有半点迟疑,她虽是从小生活优渥的大家闺秀,为了革命事业和祖国进步,她毫不犹豫,无所畏惧。5月初,宋庆龄陪同孙中山回到上海,孙中山发表了《第二次讨袁宣言》,号召南方义军与所有讨袁派协同合作。

1917年7月,以段祺瑞为首领的北洋军阀拒绝恢复《中华民国临时约法》和国会。孙中山由上海南下广州,在南方发动了反对段祺瑞独裁专制的护法运动。同年9月,护法军政府在广州成立,孙中山当选为海陆军大元帅。宋庆龄跟随孙中山一路奔波,居无定所,经常还要冒着生命危险,但无论多艰难困苦,遭遇怎样的挑战,她从来没有后退半步。

恰在此时,俄国的十月革命有了重大进展,列宁领导的布尔什维克党武装力量向资产阶级临时政府所在地圣彼

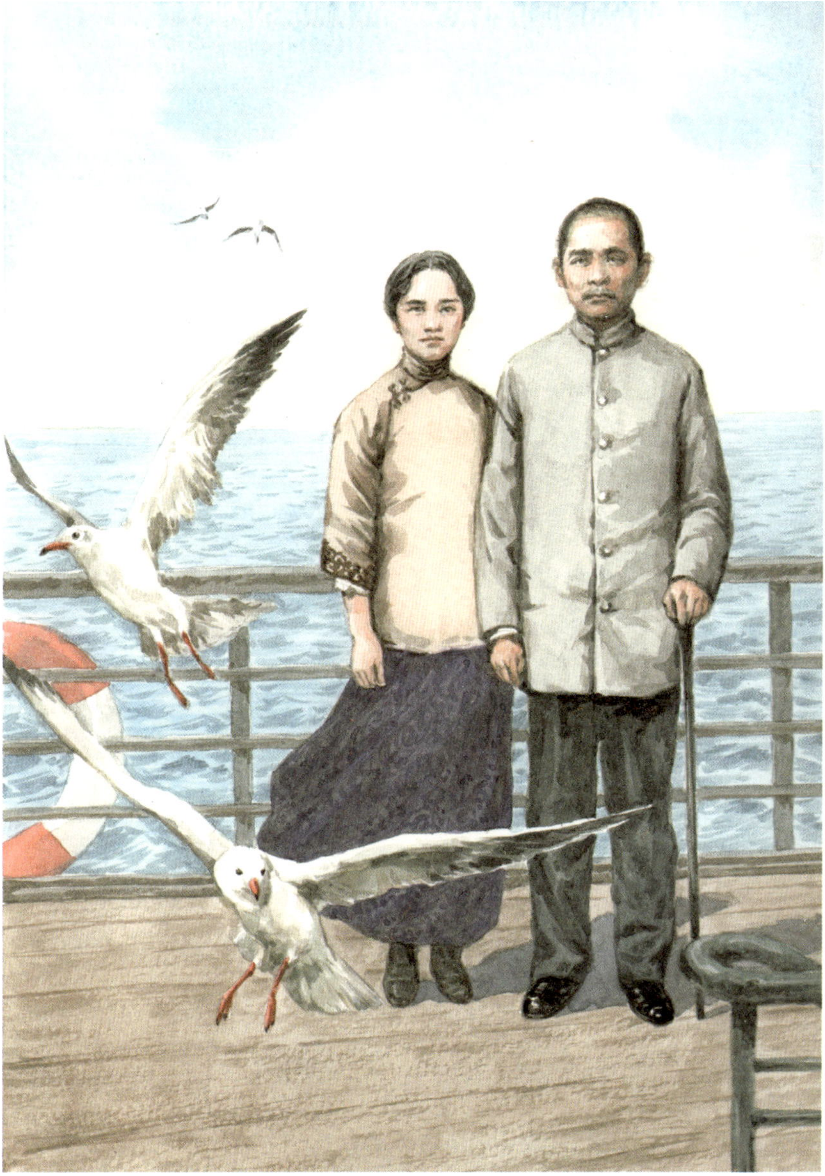

得堡冬宫发起了总攻。十月革命一声炮响，推翻了临时政府，建立起苏维埃政权，也为中国送来了马克思主义。

十月革命的胜利震动世界，宋庆龄第一时间将这令人振奋的消息告知了孙中山。随后，宋庆龄依照孙中山的指示致电苏维埃政府和列宁，热烈祝贺十月革命取得胜利，希望中俄两国的革命党团结一致，共同奋斗。

就在孙中山和宋庆龄在严峻而复杂的局势中全力推动护法运动时，宋庆龄的父亲宋耀如胃癌发作了，病情来势凶猛，可为了革命事业，宋庆龄不能全身心地陪伴和照料父亲。1918年5月3日，宋庆龄的父亲宋耀如因病去世，终年五十七岁。宋耀如是一位值得尊敬的革命者，他倾尽全部精力为孙中山倡导的革命事业筹措了巨额经费，为国民革命贡献了毕生的力量。

也就是在1918年，护法军政府内部的矛盾日益尖锐，孙中山被迫辞去海陆军大元帅的职务。眼看护法运动毁于一旦，孙中山无比心痛，激愤之中他也认识到了南北军阀其实是一丘之貉，依靠军阀不可能达到救国的目的。

回到上海后，宋庆龄强忍着丧父之痛，全身心地投入到工作中。她鼓励孙中山著书立说，深入唤醒民众，带领民众一道勇敢奋进。孙中山认同和采纳了她的意见，潜心撰写《建国方略》，对以往的革命经验进行全面总结，提出了新的出路和建设中国的宏伟计划。

宋庆龄义无反顾地担负起孙中山机要秘书和贤内助的双重职责，不仅为他处理日常的事务，还夜以继日地协助他查阅资料，关心他的起居、身体，安排他的生活，以便孙中山腾出时间，专心研究理论问题。

1918年6月，孙中山和宋庆龄搬迁到上海市莫里哀路（今香山路）29号。这幢房子是旅居加拿大的华侨募集资金买的，也是孙中山和宋庆龄唯一的自有住房，后来他们一直住在这里。

受十月革命的推动和第一次世界大战的影响，中国革命的洪流滚滚向前。1919年5月4日，北京爆发了闻名于世的五四运动，这是一场以青年学子为主，广大群众、市民、工商人士等阶层共同参与的爱国运动。示威者通过游行、请愿、罢工等手段对抗北洋军阀政府，反对封建，呼唤科学和民主。

孙中山和宋庆龄鼎力支持这场中国人民反对帝国主义、

封建主义的声势浩大的爱国运动。期间宋庆龄还代孙中山起草了"学生无罪"的援救电报。

为打败南北军阀，实现中国的独立、统一、富强、民主，孙中山定下了一个首要目标：统一广东和广西，以此来作为革命根据地。

1921年7月，中国共产党成立，革命的熊熊烈火从此在全国迅速燃起。1922年前后，苏联的使者来到中国，促进孙中山和共产党洽谈合作。孙中山和李大钊多次相约会晤，具体的日程、事务全部由宋庆龄亲自安排和联络。

1922年5月6日，孙中山在广东韶关督师北伐，宋庆龄则在广州发动广大妇女，组织出征军人慰劳会和红十字会，慰问出征的将士。凡是革命事业需要，不论难易，宋庆龄都竭尽全力去做，事无巨细地努力做到最好。

1922年6月16日，因对北伐的观点不同，粤系军事将领陈炯明争权夺利，和孙中山反目。一场风云变幻伴随着腥风血雨即将来临。

这天半夜，陈炯明派部下偷偷包围了孙中山和宋庆龄在观音山的住所越秀楼。此时，孙中山还在灯下批阅文件，他没想到陈炯明会下毒手。毕竟陈炯明曾是孙中山革命阵营中的一员，在辛亥革命、黄花岗起义中立下功劳，还在孙中山领导和发起的对抗袁世凯和段祺瑞的护法运动中有积极行动。

刺耳的电话铃声突然响起，报信的人说叛军要攻打越秀楼，要抓人。很快，孙中山听到观音山一带响起了零星的枪声，他不由得长叹一声。

事态紧急，孙中山连忙喊醒宋庆龄，说明缘由。他知道她最近身体不适，认为她应该第一批撤离越秀楼。

"不，"宋庆龄摇摇头，说，"我现在不能走。"

"这里危险，不宜久留。"孙中山坚持着。

宋庆龄何尝不知情势危险，但她依旧不同意。她首先考虑的是孙中山的安危——假如此刻她和孙中山一起撤离，目标会增大，会引来叛军的进攻，导致孙中山出行被阻截或出现意外情况。为了做到万无一失，她决定先留下来，吸引叛军的注意力。

宋庆龄明白，叛军的首要目标是孙中山，为国为家更需要保护好他。她要尽可能拖延时间，麻痹叛军，给他们一种错觉，让他们误以为孙中山不知情，还被困在越秀楼里。这样，这帮武装到牙齿的叛军就会麻痹大意，不至于心急火燎地发动攻击。

孙中山不忍撇下妻子,说:"这不妥,还是我们一起撤离吧。"

宋庆龄一心只想着掩护孙中山秘密撤离,丝毫没有考虑自己的安危,她认真而严肃地说:"您不必担心我,我有办法去和您会合。何况,中国可以没有我,不可以没有先生。为国为民,先生必须先撤。等您撤离到安全的地方,发个信号给我,我立马带大家撤离,一分钟也不耽搁,这样才能两全。"

孙中山看看宋庆龄,她脸上的神情无比坚毅,他知道她深思熟虑认定的事很难劝过来。

不能再犹豫,时间意味着生命,意味着保全革命事业。他强忍着不安和不舍与宋庆龄道别,再三嘱咐她不得轻敌,需谨慎行事。

怎么让孙中山突破叛军的包围?宋庆龄想出了一个好点子。孙中山原是学医的,曾做过医生,她建议他换上长衫,戴上礼帽,又找了一只药箱,让他背着。

孙中山经历过无数大风大浪,胆识过人,又拥有丰富的对敌斗争经验,简单乔装之后,单枪匹马的他镇定自若、

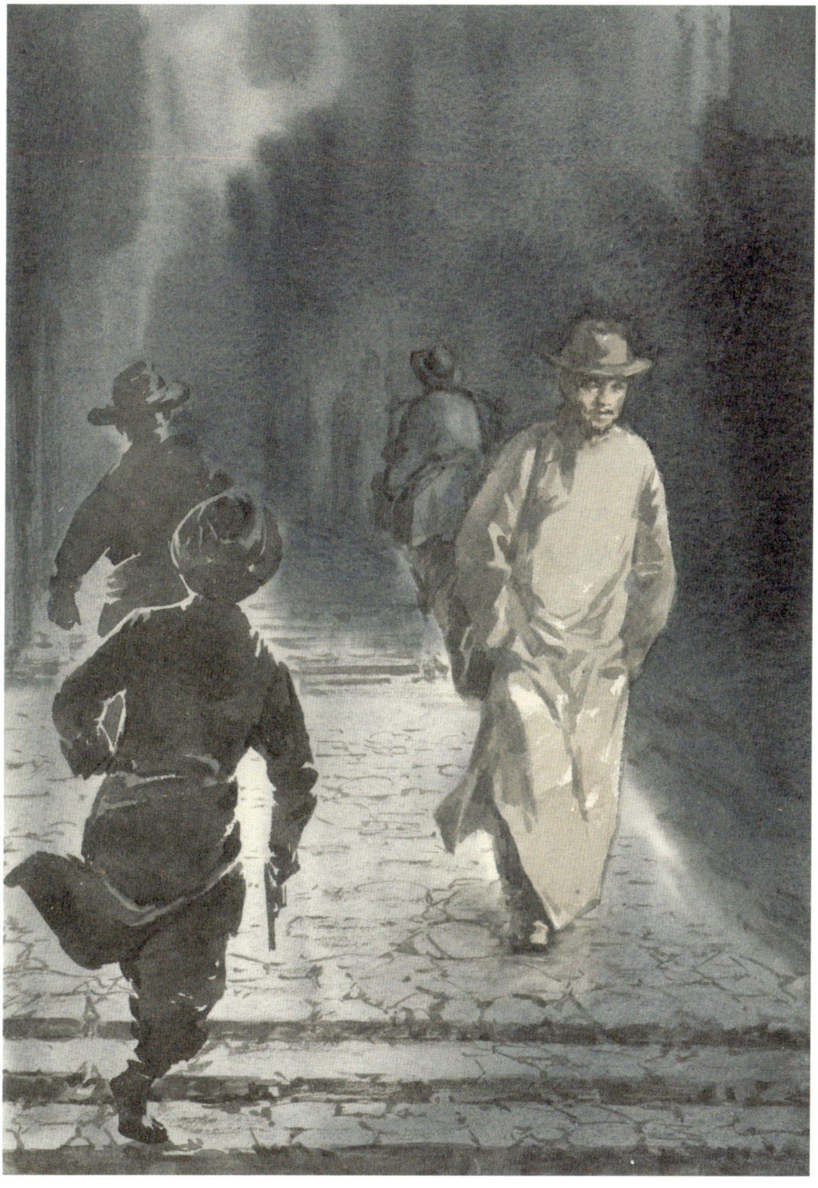

从容不迫地迎着叛军走去。

叛军没有在意眼前这个背药箱的男子，他们以为赫赫有名的孙中山肯定会在重兵保护下突围，而眼前的男子看上去只是一个行色匆匆、忙于治病救人的医生。

孙中山顺利通过封锁，和前来接应他的人一起平安登上了永丰舰。永丰舰在整个护法运动中一直冲在前面，多次讨伐段祺瑞及其亲信。

孙中山登上永丰舰后，一边部署对叛军的军事打击，一边按照之前和宋庆龄的约定，鸣炮三声作为信号，报告他平安到达，催促宋庆龄马上撤退。

孙中山离开后仅半小时，大约凌晨两点半，忽然枪声四起，叛军开始向越秀楼发起进攻。

叛军占据山上，居高临下，左右夹击。寂静的夜里，密集的枪炮声显得格外尖利、刺耳。黎明时分，卫队忍无可忍，开始用来复枪及机关枪与敌人对射。

叛军见进攻遇阻，气急败坏，使用了野炮，一下子炸塌了越秀楼的洗澡房。此时，卫队的伤亡人数已超过三分之一，剩余的卫士们借助房屋做掩体，奋勇对抗外面不断冲上来的叛军。

激烈的战斗打打停停，不知不觉已是清晨。宋庆龄得知守楼的卫士们子弹几乎打光了，认为留在越秀楼意义已不大，她跟卫士商量后决定停止回击，只留几盒子弹，做最后的决斗。

警卫队队长劝宋庆龄下山，并指挥一部分卫士留在总统府防止敌人追击。同宋庆龄一起撤离的有两名卫士和孙中山的侍卫姚观顺副官。

四人循着桥梁式的过道，在两旁夹板的掩护下爬行。到夹板被击毁之处，没有掩护，几人只好挺身飞奔过去，跟着密集的枪声响起。突然，姚副官高叫一声倒地，一颗子弹穿过他的大腿，伤到了一条大血管，血流如注。两名卫士把他抬起来继续走，不知过了多久，他们才走完这条过道，进入总统府的后院。很快，那条过道中的一段被炸毁，交通断绝。

总统府四周都是炮火，且邻近全是民屋，府里的卫士不便向外回击。

两名卫士把姚副官抬进一间屋子，给他包扎止血。宋庆龄看见姚副官血肉模糊的伤口和剧痛之下的表情，十分不忍，姚副官却反而安慰她："挺过眼前的危难，将来总有我们胜利的一天。"

整个上午，流弹都在不停地扫射，宋庆龄四人无异葬身于炮火连天的"地狱"里。下午四时，立场中立的魏邦平师长派了一名军官来谈判。卫士提出的第一个条件就是保宋庆龄平安出去，而那名军官却说不能担保她的安全，因为发动袭击的不是他们的军队，就连他的长官，都不能约束。说话之间，屋子的铁门被打开了，敌人一拥而入。宋庆龄的两名卫士子弹已竭，只好放下枪。敌人拿着手枪和刺刀指向他们，把他们手里的包裹抢去，用刀刺开，周围的人便一哄而上开始抢东西。宋庆龄和卫士们趁机混入人群里。幸而宋庆龄戴着姚副官的草帽，身上又披着孙中山的雨衣，才得以从混乱的人群里脱险。

出了总统府大门，到处都是炮火，前后左右都是乱兵。宋庆龄和卫士们在巷子里穿东走西艰难地奔走。一路惊险频频，宋庆龄实在走不动了，只能由两名卫士一人架着一边的肩膀扶着走。她甚至想好了后路：倘若熬不过去，就请他们把她就地枪杀，反正不能落到叛军手里……

这时，忽有一队敌人由小巷奔出，向他们射击。一名卫士让大家伏在地上装死，以假乱真躲过了敌人的眼睛。

那些乱兵径直从几个人身边跑过去，冲到别处去抢掠。他们爬起来又跑，过了将近半小时，进击的枪声渐少，他们终于跑到一座村屋前，推开门躲了进去。经历了一连串的惊心动魄，疲惫不堪的宋庆龄昏倒在地。两名卫士赶紧给她浇冷水、扇扇子，总算让她醒了过来。一名卫士偷偷出去观察动静，刹那间，一阵枪声响起，屋内的卫士赶紧把门关紧，外边的卫士已不幸中弹。

枪声沉寂之后，宋庆龄乔装成一名村妪，剩余的一名卫士扮作贩夫，两人离开了村屋。走了很远的路，他们才到了另一户人家。这间屋子此前已被陈炯明的军队搜查过，似乎安全一些，他们决定就在这里过夜。远处传来战舰开火的声音，宋庆龄知道孙中山已集结军队对叛军进行围剿。

第二天，宋庆龄仍乔装为村妪，跟卫士一起逃到沙面，一位铁工同志帮他们找到了一艘小汽船。

在河上，她看见几条船满载抢掠品和少女，被陈炯明的军队运往他处。后来听说有两位相貌与宋庆龄相似的妇人被捕监禁。那天晚上，宋庆龄终于登上战舰，历经劫难、生离死别之后与孙中山重聚。

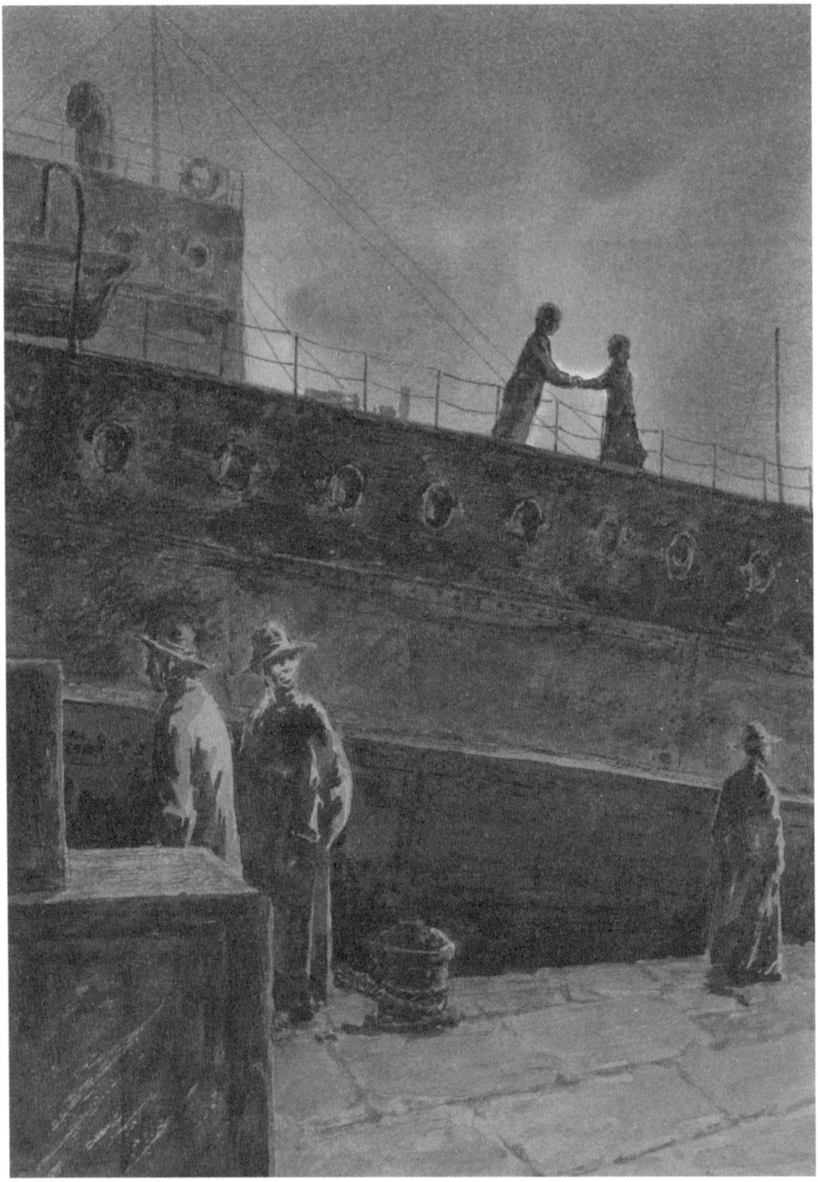

孙中山无比激动,他感念爱妻的英勇无畏和牺牲精神,更敬佩她过人的胆识,以及对革命事业的无限忠诚。卫士们也无一不赞叹宋庆龄是女中豪杰。

宋庆龄感念和她"同生死,共患难"的卫士们,怀着敬意表彰了他们,亲自给他们一一佩戴勋章。这些卫士中有一个警卫长官就是后来大名鼎鼎的叶挺将军。

后来宋庆龄特意写了一篇回忆文章,刊登在报纸上,谴责叛军分裂革命,详尽地记叙了他们冒死冲出围困的经过,赞美卫士们的大无畏精神,鼓舞了革命战士的士气。惊心动魄的观音山之战是一段让宋庆龄永久难忘的经历,后来她郑重地把那篇文章收入了出版的书里。

宋庆龄难以忘怀的还有一件事情,在颠沛流离、危机重重的撤离途中,她流产了。从那之后,她再也没有自己的孩子。

在永丰舰上,宋庆龄看到孙中山身边新来了一个年轻干练的随从军官,叫蒋介石。他每天和孙中山在一起,有空就带领部下清洗甲板,精力充沛,斗志旺盛。孙中山对他的印象很不错。

宋庆龄在永丰舰驻扎的时间不长,孙中山考虑到她的身体状况，便派人送她返回上海医治。

陈炯明自1922年6月叛变革命后，就和叛军一起盘踞在广州。到了1923年1月，他被滇军和桂军驱逐出广州，前后只隔了七个月。

孙中山乘胜追击，他把革命的军事力量联合在一起，宣布进入"讨贼时期"。孙中山所说的"贼"，狭义上指的是陈炯明，广义上指所有反对民主、逆历史潮流而动的各省军阀。

宋庆龄是孙中山的得力助手。她了解孙中山心中的宏图大略，她善于思考，举一反三，在工作上不断发挥创造性，她的各项能力都有了飞跃式的进步。短短几年内，她协助孙中山相继完成了几件大事：改组国民党、实现第一次国共合作等。国共合作这一重大举措，为之后的革命奠定了坚实的基础。

宋庆龄牢记孙中山和她强调的国共合作的意义："国民党正在堕落中死亡，因此要救活它需要有新鲜血液。"他的大意是指国民党中有人缺乏革命精神，只想着个人利益，那是自甘堕落，看不到希望的。

1924年10月，宋庆龄随孙中山北上，和冯玉祥将军共商国是。他们这次的路线很长，像是有意绕道而行：由广州乘兵舰到香港，再由香港到上海，随后乘船抵达日本神户。在那里，孙中山发表了著名的演讲《大亚洲主义》。他认为亚洲有自身的哲学文化、宗教文化、伦理文化和工业文化，这些文化都是亘古以来的精神财富。他推及近代，世界上种种最新的文化，都是由我们的古老文化生发出来的。他为中国、为亚洲发声，提出要为被压迫的民族打抱不平、反对霸道，追求一切民众和平等解放的文化。

11月28日，宋庆龄在神户县立高等女子学校做了妇女解放的主题演讲，之前跟孙中山在一起时，她通常是隐藏退避在他后面的，这是她第一次公开演讲。

那天，神户县立高等女子学校的礼堂座无虚席，宋庆龄接过日本女学生献给她的一束菊花，抿嘴微笑着走上讲坛。她的演讲主题思想先进，认为妇女的地位是衡量一个民族发展的尺度，当今世界，只有意识到这一点的民族，才能成为伟大的民族。宋庆龄前瞻性地指出，妇女肩负的使命是重大的，希望中日两国妇女觉醒，追求妇女儿童的权益，追求理性，追求人类的进步事业！

宋庆龄的演讲非常成功，结束时场内掌声雷动，经久不息。女学生内心追求独立自由、追求和平进步的梦想被宋庆龄这位中国的不凡女性点燃了。

孙中山和宋庆龄随后抵达天津，受到了市民的热烈欢迎。孙中山看着身旁的宋庆龄，露出自豪而欣慰的笑容，他见证了她的成长，他美丽端庄的妻子已经成为一位信念坚定的女士。

就在孙中山的革命事业节节高升的当口，一个巨大的危机悄然而至。

孙中山和宋庆龄从日本辗转到天津，抵达天津时已是冬天。因为担忧动荡起伏的政治局势，夙兴夜寐牵挂着国家大事，再加上长期的超负荷工作，孙中山病倒了。从天津到北京后，孙中山一直默默地坚持。有时他感觉头昏眼花，体力不支，宋庆龄便劝他休息一下，陪他去户外呼吸新鲜空气。

这天，依旧沉醉在工作中的孙中山突然脸色惨白，身上异常疼痛，一度陷入了昏迷。宋庆龄心急如焚，忙把他送到医院，虽然抢救过来了，但医生给出的诊断是肝癌，而且已是晚期。

孙中山生病期间，宋庆龄体贴入微地照顾，片刻不离地陪护在旁。她在行辕病床边装了个小帘子，帘子后面加设了一张小床。每天夜里待孙中山熟睡后，宋庆龄才蹑手蹑脚地到小床上和衣歇息一会儿。看到孙中山茶饭不思，宋庆龄买来食材，千方百计地给他煲有营养的、清口的汤，看着他喝下去。

在宋庆龄的精心照料下，孙中山的脸色逐渐润泽起来，身体也好转了，可以到花园里散步，还接见了几位来访者。那段时间，宋庆龄将重心从机要秘书的工作转移到了孙中山的健康护理上，她相信壮志未酬、意志坚强的孙中山不会有大碍——以往那么多千钧一发的艰难关口，孙中山都奋力挺过来了。

在宋庆龄眼里，孙中山好比是特殊材料做成的，任何困难都无法将其击倒，这一次也定能阻止病情发展，转危为安。可惜，奇迹没有出现，孙中山的病情急速恶化，医生也无回天之术。

1925年2月24日，孙中山支撑着羸弱的身体，口授了《国事遗嘱》《家事遗嘱》。在《国事遗嘱》里，他总结四十年的革命经验，强调必须唤起民众，联合世界上以平等待我之民族，共同奋斗；他还用力发出了"革命尚未成功，同志仍须努力"的号召。

3月11日，孙中山身体危殆，何香凝提醒大家要尽快签署遗嘱。孙中山由宋庆龄托着手，颤颤巍巍地在《国事遗嘱》《家事遗嘱》和《致苏俄遗书》三个文件上签了字。三个文件字字珠玑，句句精辟，成为后世传颂的经典。眼看亲爱的丈夫、心中的英雄孙中山要离自己而去了，宋庆龄泪流满面。孙中山凝视着亲爱的妻子宋庆龄，不断重复着："和平……奋斗……救中国……"

1925年3月12日，伟大的革命先行者孙中山先生在北京与世长辞，宋庆龄和孙中山的长子孙科等人一起为他守灵。

4月2日，孙中山的灵柩从中央公园奉移至西山碧云寺。宋庆龄走在三十余万送殡群众前面，她内心悲痛难忍，却没有哭泣，只是抿着嘴唇，默默地前行。她坚毅地看着前方，仿佛感觉到孙中山还在前面引领着，赞许地看着她，鼓励她在革命道路上勇往直前。

第六章 洪流滚滚

她是坚定的、勇敢的、忠诚的,她决心继承孙中山的遗志,走孙中山未竟的革命道路,从此开始谱写数十年风雷激荡的革命旅程。

孙中山逝世那年，宋庆龄三十二岁，痛失朝夕相处、情意深厚的革命伴侣，她心中的悲痛是无可比拟的。他们的婚姻虽然只有短短的十年，但两个人的生命早已融为一体，仿佛永远不可分割，他是她最敬仰的人，她对他的情感是如此深厚、如此刻骨铭心。他们的婚姻里充满了真挚的情感和无时不在的相互关切，孙中山是她的良师益友，是她永远的灵魂伴侣。

之后，每年孙中山的忌日，宋庆龄都会默默地把自己关在屋里，沉思着，想念他，追忆他。

十年艰辛岁月里的相守相伴，从始至终的相互扶持，历历在目，宋庆龄一刻也不能忘记。她忘不了他们共同经历的如火如荼的岁月，忘不了孙中山对她的细心呵护、点点关爱。孙中山生前很欣赏妻子宋庆龄品位不俗的审美，他知道她偏爱穿竖条纹或净色的旗袍，每一年换季时，他都会在百忙之中抽出一点儿时间，特意请来裁缝为妻子缝制可心的旗袍。

在力所能及的范围内，宋庆龄更是给孙中山最好的一切，不管是革命大事，还是生活上的小事。他们结婚后，有一年冬天，宋庆龄注意到孙中山戴的手套旧了，手指磨损得厉害。她想送他一副又暖和又好看的新手套,便去当地的商店寻找,可是没有找到。为买到合适、心仪的手套,她特地写信托孙中山的女儿代为购买。宋庆龄担心代买手套的孙小姐拿不准买多大码的手套,让孙中山把手放在纸上,比着他的手画了一张图画,她把图画附在信里寄过去。这样孙小姐就比照着手样,买到了合适的手套。

十年中,孙中山和宋庆龄互敬互爱,亲密无间,相伴前行;细致体贴的拳拳爱心,温暖真挚的深厚情意,在他们的婚姻中无处不在。

对于他们的婚姻,起初宋庆龄的父母是存有疑虑的,他们敬重孙中山,但不赞成这门婚事。不过宋耀如和倪桂珍终归是开明的家长,他们更关心女儿是否幸福,当他们看到宋庆龄和孙中山婚后彼此真心相待,琴瑟和鸣,便衷心地祝福他们。

宋耀如觉得:"时间是最好的鉴定师。"见宋耀如率先认可了这门婚姻,倪桂珍也很高兴,她赶紧给心爱的女儿补送嫁妆。嫁妆备得很用心,有一套藤制家具、若干首饰、一套自己成亲时穿过的绣服,还有一件喜庆的百子图刺绣被面。被面上精心地绣着九十九个小童子和一个玩偶,蕴含着吉祥美好、多子多福的寓意，透出家人对宋庆龄的无限祝福和浓浓的爱。

宋庆龄含泪收下爱的嫁妆，每次她看到那件绣服，都百感交集。她用手轻轻地抚摸它，再一层一层轻轻地包裹好。每年夏季，她还会取出来晾晒一遍。

孙中山逝世时，把"和平、奋斗、救中国"的嘱托交给宋庆龄和他的革命同志。作为走向共和、振兴中华的同行者，作为他的妻子和助手，宋庆龄感到身肩重担。她是坚定的、勇敢的、忠诚的，她决心继承孙中山的遗志，走孙中山未竟的革命道路，从此开始谱写数十年风雷激荡的革命旅程，生死不消、九死不悔。

1925年4月，宋庆龄从北京回到上海，坚强的她竭尽全力从巨大的悲痛中走出来，不遗余力地向国内外传达孙中山的嘱托，解释"新三民主义"，阐述孙中山在1922年12月对帝国主义进行斗争的革命精神，号召民众"志先生之志，行先生之行"。

作为协助孙中山多年的革命伴侣和得力助手，宋庆龄的名望极高，她诠释的孙中山的革命主张，特别令民众信服。宋庆龄在传扬孙中山革命理想的过程中，清晰地领悟到自己已经成长为一个独立而坚定的革命者。

1925年5月30日，上海两千余名学生上街游行，散发传单，发表演说，抗议日本纱厂的资本家镇压工人大罢工、打死工人顾正红的恶劣行径，强烈要求收回租界。

英国巡捕逮捕了百余名学生，引发民众更强烈的不满。当天下午，具有反抗精神的上海民众聚集在英租界巡捕房门口，要求释放被捕的进步学生，高呼"打倒帝国主义"。英国巡捕却无视示威活动，开枪打死十三人，致数十位民众重伤，逮捕一百五十多人。

这起震惊中外的反帝爱国运动，被称为"五卅惨案"。宋庆龄立场鲜明、毫不犹豫地站在进步学生一边，她在《民国日报》上发表文章，指出这是英日强权对于中国革命精神的压迫，呼吁中国人民团结起来，反抗暴行，为民族独立而共同奋斗。

1926年1月，宋庆龄出席在广州召开的国民党第二次全国代表大会，当选为大会主席团成员。在会上，她发表讲话，呼吁党内团结合作，贯彻孙中山先生的政策。无论处于怎样不利或者充满危险的形势中，宋庆龄都保持着坚定的信念，从不动摇，她坚信自己这么做是捍卫孙中山，捍卫革命，"先生有知，地下亦当含笑矣"。

孙中山去世后一年，他梦寐以求的以广东、广西为基地的北伐大业轰轰烈烈地展开，他生前所奠定的一切，为北伐战争创造了重要条件。宋庆龄满腔热情地投入北伐战争的准备工作中。

中国共产党成立之后，古老的中国大地开始了前所未有、声势浩大的工农革命，封建统治被民众推翻，北洋军阀的统治纷纷瓦解，各地还兴起了反帝示威。工人建立了自己的武装纠察队，在共产党的领导下，上海先后举行了三次武装起义。工人和农民被发动起来，一批批坚定的革命者涌现出来，据不完全统计，共产党员的数量在不到一年的时间里，从一万三千二百八十一人增加到了五万七千九百六十七人。

在风起云涌的大革命浪潮中，新的斗争和对抗也出现了，自称传承孙中山先生三民主义的蒋介石，逐渐暴露出他的野心，他于1927年4月12日在上海发动反革命政变，屠杀共产党人和工农群众。很快大半个中国笼罩在白色恐怖之下，大批共产党人及国民党中的左派人士惨遭屠杀，共产党领导的革命斗争的中心不得不转移到了农村。

宋庆龄义愤填膺,她与国民党中的左派人士以及共产党人毛泽东、董必武、林伯渠、恽代英等,联名发表了《讨蒋通电》。

蒋介石对此置若罔闻,还写信给宋庆龄,图谋借助她的威望壮大自己的反革命声势。宋庆龄识破了他的阴谋,确信蒋介石之流已经背叛了孙中山,便立即起草了一份声明,强烈谴责他们这些违背孙中山遗训的国民党右派,公开指出蒋介石已走上歧途。

为了挽救革命,也为了对蒋介石的大屠杀实行武装反抗,中国共产党于1927年8月1日在南昌发动武装起义。宋庆龄公开发表言论支持起义,号召一切革命者团结一致,共同为反对帝国主义、反对封建势力、反对新军阀和解决土地问题而继续奋斗。

1927年9月,宋庆龄依照孙中山的遗愿,开始出访苏联。出国前,她在上海的《申报》上发表声明,说明了此行的目的,并严肃地指出:"中国如果要想作为一个独立的国家在现代各国的斗争中生存下去,就必须彻底改变半封建的生活情况,并以一个新的现代化的国家代替那存在了一千年以上的中世纪制度。"

宋庆龄一行抵达莫斯科时,受到了各界代表的热烈欢迎。她在当地参观、访问,和孩子们交流,应邀去莫斯科大学演讲,还登上了终年积雪的高加索山脉最高峰。

11月7日,宋庆龄到莫斯科红场参加了俄国十月革命10周年庆典。那天天气异常寒冷,一直下着鹅毛大雪,她只穿了薄底皮鞋,双脚都冻得麻木了,却始终兴致勃勃地观看莫斯科军民的庆祝游行。她仿佛看到孙中山微笑着站在她身旁,她下定决心要踏着革命的足迹继续前行,决不回头。

1927年底,登上权力宝座的蒋介石与宋美龄举行了盛大的结婚典礼。

宋庆龄的莫斯科之行一直持续到1928年5月,她随后去了德国的首都柏林,直到1929年,南京的中山陵建成,才回到国内。1929年6月1日,宋庆龄在南京紫金山参加了孙中山的奉安典礼,第二天便由南京回到上海,她决不直接或间接地参与国民党的任何工作。

宋庆龄旗帜鲜明,决计同蒋介石集团一刀两断。蒋介石不死心,派他的心腹戴季陶去上海游说拉拢,遭到宋庆龄的严词拒绝。戴季陶碰了一鼻子灰,只能狼狈不堪地向

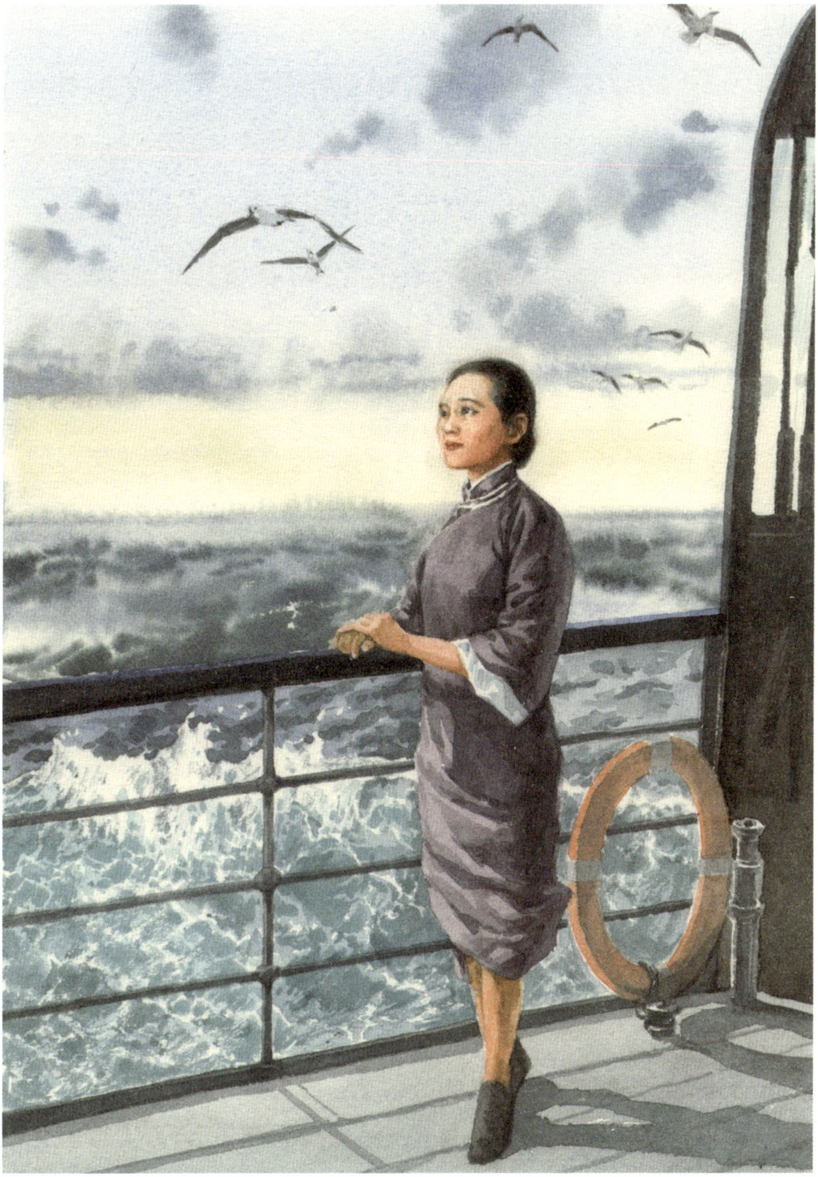

蒋介石复命。

宋庆龄一直守着矢志不渝的革命立场，对反动派不抱任何幻想。看到日寇和反动势力愈发猖獗，她决定远赴欧洲，去国外开展反对帝国主义的爱国运动。1927年12月和1929年8月，宋庆龄两次当选为国际反帝联盟名誉主席，后来又当选为世界反法西斯委员会的主要领导人之一。

旅居欧洲的几年，宋庆龄考察了世界上第一个社会主义国家和几个资本主义大国，研读了大量的哲学及社会学理论著作，与流亡欧洲的中国革命者一起研究中国问题，特别是土地和农民问题。无论身处何地，她都时刻关切中国革命形势的发展，一有机会就为中国人民的利益发声，她经常与当时旅居欧洲的何香凝谈论中国革命的前途。

为了早日完成民族复兴大业，宋庆龄长期在外奔波，难以守在母亲倪桂珍身边侍奉照顾，以尽孝道。她知道母亲对自己寄予厚望，每每想到母亲她都心存歉意。1931年7月，远在德国的宋庆龄接到了母亲在青岛避暑时不幸病逝的噩耗，其时遗体已运回上海宋家老宅。宋庆龄日夜兼程赶回上海，向母亲做最后的告别，因心中悲痛不已，她在飞机上忍不住伤心落泪。

宋庆龄的母亲倪桂珍一生勤勉贤良，热心慈善。六个子女中，宋庆龄跟她禀性最像，深得母亲的关爱和教诲。倪桂珍终年六十二岁，她的子女在宋家老宅举行了隆重的葬礼，将她安葬在上海万国公墓。

1931年9月18日夜，日本关东军炸毁了南满铁路的一段路轨，栽赃嫁祸于中国军队，还以此为借口，炮轰沈阳北大营，这便是震惊世界的"九一八事变"。次日，日军侵占沈阳，又陆续侵占东北三省，这是日本帝国主义蓄谋已久对华侵略扩张的阴险步骤。

中华民族处在了危难之中。面对迫在眉睫的战争阴云，以蒋介石为首的国民党非但不救亡图存，奋起抵抗，反而屡屡下达"不准抵抗"的命令，将兵力用于"围剿"工农红军，镇压民主运动。

九一八事变激起了全国人民的抗日热潮，京、沪、平、济、皖、苏等各地学生群情激愤，他们联合起来，推派代表去南京请愿，要求国民党政府出兵东北，收复失地。学生们正义的爱国行为却遭到了国民党政府的疯狂镇压。

宋庆龄痛心疾首，她仗义执言，公开揭露蒋介石"攘外必先安内"的不抵抗政策是卖国行径，主张积极抗战。她在上海发表了《宋庆龄之宣言》，指出"当作一个政治力量来说，国民党已经不复存在了"，揭露了国民党以反共为名掩饰对革命的背叛，向帝国主义投降，谴责国民党反动派棒打、枪刺请愿学生的罪行。

宋庆龄对中国共产党领导的革命事业充满信心，坚定不移地支持中国共产党停止内战、建立抗日民族统一战线的主张，坚信"只有以群众为基础并为群众服务的革命，才能粉碎军阀、政客的权力，才能摆脱帝国主义的枷锁"。

在中国共产党的组织和推动下，上海工人举行罢工，爱国群众纷纷组织反日救国会、救护队、运输队、宣传队、募捐队，支援抗战前线。宋庆龄感到非常欣慰。

1932年1月28日，驻扎在上海的日本海军陆战队以保护侨民为借口，突然袭击上海闸北地区，攻占了天通庵车站和上海火车北站。第十九路军奋起抗战，这便是史称第一次淞沪抗战的一·二八事变。30日，宋庆龄冒着枪林弹雨，亲自上前线慰问抗日将士。2月，她去吴淞前线巡视阵地时，特意在被轰炸后的断壁前留影，以示抗战到底的决心。

巡视中，宋庆龄被抗日军队的忠勇深深感动。现场目睹了抗日救国部队给养不足、缺医少药，大批伤员得不到及时护理的状况，她忧心不已，回来就与何香凝一起筹划，并指派杨杏佛牵头募捐。

宋庆龄深得民众信赖，受到她爱国精神的感召，四面八方的爱国人士都来协助支持，募捐大获成功。很快，交通大学内办起了一所约有三百个床位的国民伤兵医院，很多中医和西医报名参加救护。医院里一时间名医云集，慰劳品源源不断。妇女们也被发动起来，争相参与护理伤员。许多实际问题得到解决。

1932年12月，宋庆龄与蔡元培、杨杏佛等发起"中国民权保障同盟"，她被大家推选为主席。同盟宣告要和所有进步力量并肩站在一起，担负起促进人类社会进步的使命。中国民权保障同盟发起之日，宋庆龄等人以筹委会的名义，给蒋介石、宋子文发了电报，抗议他们在北平非法监禁各学校教授和学生的恶劣行径。迫于压力，国民党当局释放了部分关押的师生。

宋庆龄对革命同志关怀备至，不遗余力地营救革命志士、中共地下党员，保护了一大批爱国进步人士，她一再呼吁大家尽心为被捕的革命同志进行法律援助和辩护，力争正义得到伸张、革命力量得到保护。宋庆龄领导的中国民权保障同盟不断发出的正义之声，震撼了浦江两岸、大江南北。广大民众为之振奋，而国民党反动派却视它为眼中钉。

1933年6月18日，中国民权保障同盟总干事杨杏佛和往常一样外出办事，车子刚开出大门，就遭到四个杀手的枪击。杨杏佛腰部和胸口各中一弹，不幸殉难，中国民权保障同盟被迫停止活动。宋庆龄非常愤怒，她化悲痛为力量，誓言要在更广阔的战线上同帝国主义、蒋介石集团展开不懈的斗争。

第七章 意志与智慧共存

在中华民族生死存亡的抗战时期，在每一个紧要关头，每一个重要时刻，都有宋庆龄的身影和足迹……宋庆龄竭尽全力，做了大量有建设性的工作，发挥的作用独一无二、无可替代。

人们一定想不到，雍容华贵、仪表端庄的宋庆龄因对敌斗争需要，不仅会轻装简从、乔装打扮出行，还练就了一套声东击西之法，总能将盯梢的特务甩得远远的。特别是那些突破敌人的防线，将国际友人和重要物资送往解放区的秘密工作，她经常要亲临现场指挥，为了革命成功、祖国兴盛，宋庆龄必须随时调整策略，应对各种复杂情况。

1933年，身为中国民权保障同盟主席的宋庆龄开始筹备召开远东反战大会。在当时白色恐怖笼罩下的上海，开一次具有国际影响力的反法西斯大会，意义重大。世界反对帝国主义战争委员会非常支持，派出代表团乘船赴上海参会。国民党当局闻讯后极力阻挠，严禁代表们登陆。

宋庆龄对形势的判断上高瞻远瞩，在处理危机的手法上，更是灵活多变、足智多谋。她得知消息后立即前往码头，登船会见了来自欧洲的反帝代表，摸清情况后，想方设法地冲破特务们的围堵，秘密地将代表们全部接应上岸。

远东反战大会遭到国民党的严令禁止，为确保大会顺利举行，共产党人冯雪峰早已派人租下了汇山路（今霍山路）85号，将这幢新建成的房子作为大会的会址。

1933年9月30日早上，高度警觉的宋庆龄正准备出门，就发现自己的寓所外有密探盯梢。她便安排保姆坐上她平时乘坐的车，让司机一路疾驶。果然，特务们尾随那辆车而去。当他们发现上当跟错了车，慌慌张张地返回时，宋庆龄早已坐上另一辆车，赶到了汇山路会址。

当天，远东反战大会成功召开，世界反对帝国主义战争委员会派出的英国、法国、比利时等国的代表和我国的代表一道出席会议。宋庆龄主持大会，做了《中国的自由与反战斗争》的报告。毛泽东和朱德分别发来贺电，鲁迅、茅盾、田汉等共同签署了欢迎反战大会国际代表的宣言。

大会正式成立了远东反战同盟中国分会，宋庆龄当选为中国分会主席。与会者一致推举毛泽东、朱德、高尔基（苏联）、鲁迅等人担任名誉主席，通过了《反对帝国主义战争反法西斯蒂的决议及宣言》《反对白色恐怖的决议》《反对帝国主义国民党对苏区红军的五次"围剿"的抗议书》等宣言和决议。

下午四时，大会圆满结束。宋庆龄留在会场，慢悠悠

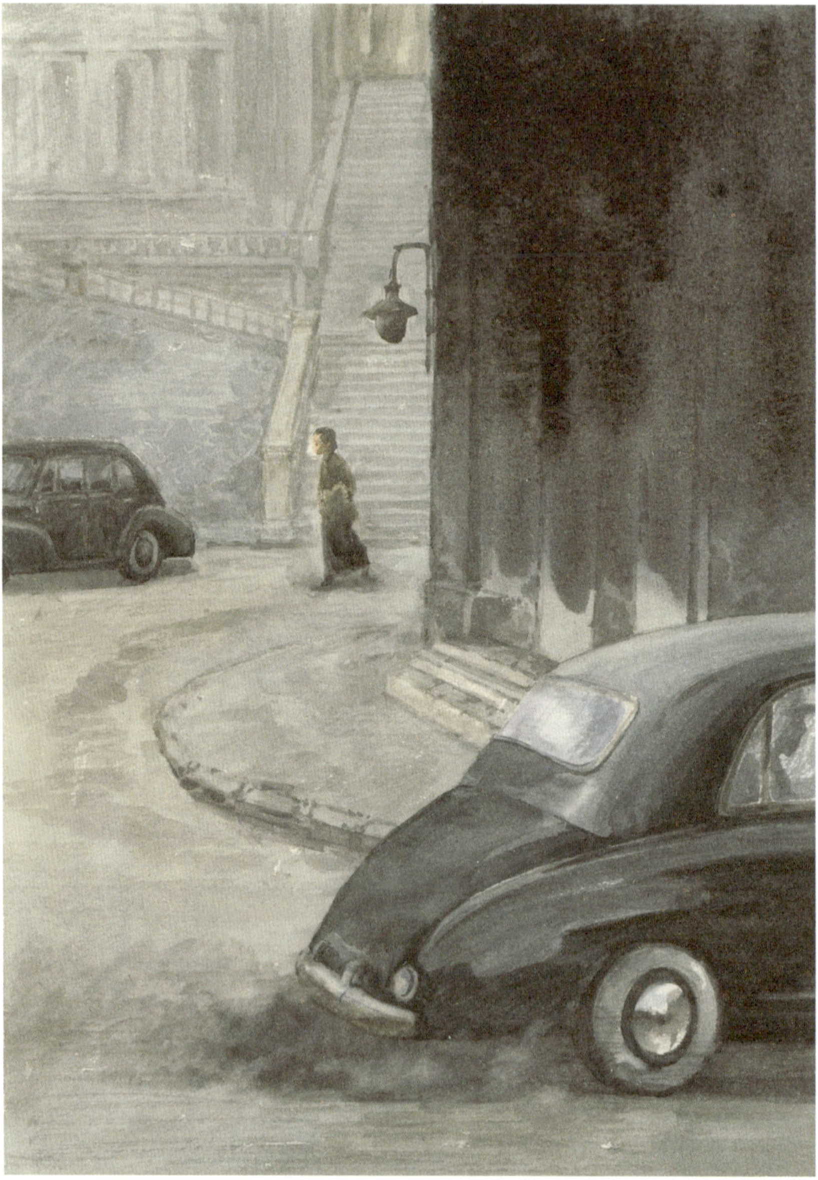

地喝着茶，跟人轻松愉快地聊着天。她要等所有的代表安全撤离，才能安心。

在中华民族生死存亡的抗战时期，在每一个紧要关头，每一个重要时刻，都有宋庆龄的身影和足迹。在建立抗日民族统一战线、全民支援前线抗敌、向世界弘扬中国人民抗战信心的台前幕后，宋庆龄竭尽全力，做了大量有建设性的工作，发挥的作用独一无二、无可替代。

1935年8月1日，中国共产党发表了《八一宣言》，号召全国人民团结起来，停止内战，一致抗日。中共中央想邀请一位立场中立的外国记者和一名医术高明的医生去陕北苏区实地考察，详尽了解并对外传播中国共产党的抗日主张。

宋庆龄极具眼光，她推荐了美国记者埃德加·斯诺和医生马海德。人选确定后，宋庆龄开始计划如何跨过国民党政府的重重封锁线，护送这两位国际友人安全抵达。

恰好这时，中共地下党员董健吾到访宋庆龄的寓所，向她递交毛泽东的信件。宋庆龄看着沉稳、机敏的董健吾，认定他是护送两位国际友人的合适人选，当即委托他护送斯诺和马海德去陕北。

董健吾不假思索地答应了。宋庆龄开始与他仔细地商定沿途的路线、各个环节的注意事项，缜密、周全地安排好所有细节。宋庆龄还亲自写信给斯诺，让他直接到西安和化名"王牧师"的董健吾接头。

董健吾最后顺利地将马海德和斯诺送到了陕北苏区。这两位国际友人后来都成为中国共产党诚挚的朋友：马海德医生在中华人民共和国成立后加入了中国国籍，并在卫生部担任顾问，潜心研究，成果卓著；而斯诺撰写了大量关于中国共产党政治主张的文章，向国外介绍中国共产党领导下的革命根据地，报道中国工农红军进行二万五千里长征的惊人事迹，他创作的《红星照耀中国》，令全世界瞩目，流传至今。

凭着高尚无私的品德、温润如玉的人格魅力，宋庆龄在各界结交了许多志同道合的朋友。鲁迅就是其中的一位。有段时间，宋庆龄患上了阑尾炎。就在她住院手术时，得知了鲁迅病重的消息，她立刻要前去看望、慰问挚友，医生不同意——她阑尾手术的伤口尚未复原，还不能下床行走。

她和鲁迅是在1932年年底相识的，当时宋庆龄和蔡元培等发起成立中国民权保障同盟，大家敬佩鲁迅的骨气和精神，邀请他参加。鲁迅加入后常常挺身而出，与同盟的成员一道发起对国民党反动派的抨击和斗争，还一起成功地营救了陈赓、廖承志等一大批革命者。

1936年3月，鲁迅接连患病，体力不支，亲朋好友非常着急，四面八方寻来医生为他诊治。

6月5日，宋庆龄不顾自己伤口的疼痛，写了一封信，推心置腹地劝说鲁迅："……我恳求你立刻入医院医治！因为你延迟一天，便是说你的生命增加了一天的危险！！你的生命并不是你个人的，而是属于中国和中国革命的！！！为着中国和革命的前途，你有保存、珍重你身体的必要，因为中国需要你，革命需要你！！！……"

收到这封情真意切的信后，鲁迅一直保存在自己的身边，非常珍视。

1936年10月19日凌晨，著名文学家、中国现代文学的奠基人鲁迅的心脏停止了跳动。接到噩耗，宋庆龄急奔鲁迅的寓所，和他的家人及好友磋商丧事，组织成立了鲁迅先生治丧委员会。宋庆龄为失去鲁迅这样的挚友而悲痛，她对鲁迅的尊重与情义感动了很多人。

宋庆龄一直以声援救助陷入危难的爱国志士为己任。1936年11月22日深夜,上海警察局和租界巡捕房策划了一个大行动,同时派出了八个抓捕小组,去抓捕全国各界救国联合会的领导人沈钧儒、章乃器、邹韬奋、李公朴、沙千里、史良、王造时,他们给这七位知名人士定了个"危害民国"的罪名。这起事件很快轰动了全国,震惊了世界。这七位品格高尚的正义人士,所作所为都出于爱国心,何罪之有?

事情要从1931年的九一八事变说起。

日本侵略者发动战争,野蛮地侵占了我国的东北三省,当时任中国国民党最高统帅的蒋介石打出"攘外必先安内"的幌子,遵行不抗日的亡国方针。

目睹国家危难,全国民众群情激愤,抗日呼声日益高涨,名人志士纷纷成立了各种救国联合会。1936年5月31日,全国六十多个救国联合会派出代表在上海召开第一次全国各界救国联合会代表大会,并发出公开信,要求国民党当局立即抗日。毛泽东得知后写信表示支持。国民党当局则恼羞成怒,将代表中的七人逮捕,是他们公开表明立场

的一个步骤。

宋庆龄第一时间站出来,发动了声势浩大的营救运动。她义愤填膺地指出:"爱国无罪,则与沈钧儒等同享自由;爱国有罪,则与沈钧儒等同受处罚。"随后,她质问蒋介石和国民党:"沈先生等犯了什么罪?就只是犯了救国罪,救国如有罪,不知谁才没有罪?"

中共中央也为此发表宣言,要求国民党政府放弃错误政策,释放七君子。在宋庆龄和各界人士的不懈努力下,各地纷纷展开营救活动,被扣上"莫须有"罪名的七君子终于无罪释放。看到他们重获自由,宋庆龄舒了一口气。

1937年8月13日,日军大举进攻上海,淞沪会战爆发。11月12日上海失守,租界成为"孤岛"。中共中央关心宋庆龄的安危,提议让她撤离上海避居香港,宋庆龄听取了建议。12月25日夜,她抵达了香港。到港后,她立刻着手发起、组建保卫中国同盟,并确立了其宗旨和任务:鼓励全世界所有爱好和平民主的人士进一步努力,以医药、救济物资供应中国,支持中国的抗日战争。

宋庆龄在上海时就通过新西兰记者詹姆斯·贝特兰了解到了共产党抗日前线缺医少药的情况。这以后,宋庆龄一直想方设法援助缺医少药的八路军。

1937年12月,宋庆龄在香港发表《关于国共合作的声明》,呼吁国共两党再次合作,共同抗日。

1938年秋,党中央委派邓颖超去看望宋庆龄。邓颖超是中国妇女运动的先驱、周恩来的夫人。为确保邓颖超的人身安全,宋庆龄特意从香港先行回到广州。宋庆龄与邓颖超一见如故,结下了深厚的友情。

宋庆龄在广州的那些天,正值战况特别激烈,装满炸弹的日军飞机经常来袭,朝着建筑和人群狂轰滥炸。宋庆龄将生死置之度外,率领广州民众举行爱国游行示威,召开华侨会议和妇女会议,四处宣传爱国主义精神,坚定抗战必胜的信念。

为寻求广泛援助,早日打败日本侵略军,宋庆龄利用自己的影响力,积极联络世界各地的国际组织和各国友好人士援华。她经常主动给外国机构、组织和朋友们写信,在1939年5月1日《给全世界的朋友的信》中,她热诚动员国际上的朋友大力支援中国革命根据地和英雄的游击队员。宋庆龄在国际上享有很高的声誉,她呼吁支援中国抗战的信函,在世界各地引起了巨大反响。她的国际友人,以及世界各国的华侨、商人、文人等纷纷加入保卫中国同盟的募捐活动中。

保卫中国同盟成立一年内，募集到了约二十五万港币捐款、十辆卡车、数千条毯子，其中包括特别珍贵的显微镜、X光机等医疗设备和临时帐篷等战地物资。当时国民党对中国共产党领导的革命根据地实行严苛的封锁，宋庆龄深知对于缺衣少药的根据地来说，这些来之不易的物资更能发挥支持抗战的作用。她谨慎布局每一次的物资运送，亲自制定运送物资的方案，每个细节都无比用心。她如此殚精竭虑、费心费力，只为保证所有的救援物资能顺利抵达抗日最前线，以保护那些英勇作战的战士、拯救那些受伤战士的生命。

1939年，一位英国工业家给保卫中国同盟捐赠了一辆大型救护车，车厢里是一个完整而先进的手术室，特别适合在战场上急救伤员。宋庆龄立即安排将这辆救护车送到了白求恩所在的晋察冀军区模范医院（后改名为白求恩国际和平医院），缓解那里医疗设备严重缺乏的局面。

作为保卫中国同盟的主席，宋庆龄凡事亲力亲为，在她心里，凡是和抗战有关的没有小事，都是大事。保卫中

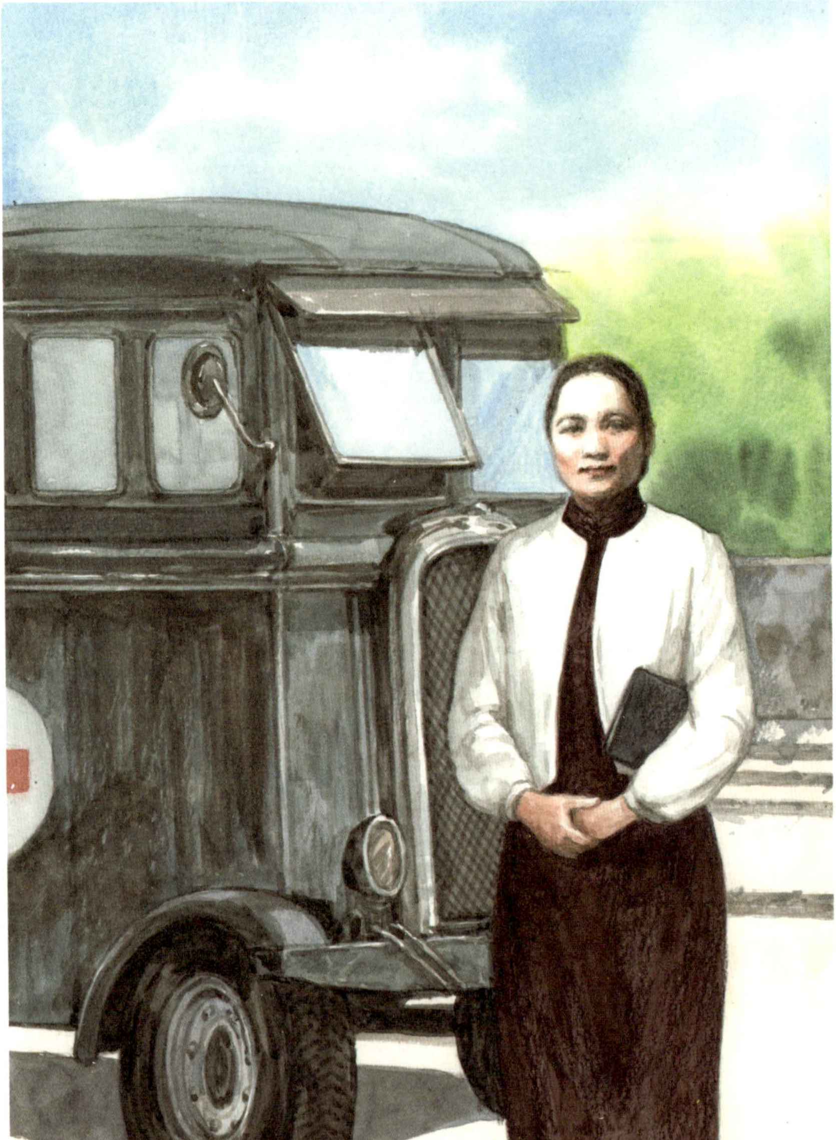

国同盟那些年所做的工作，所取得的显著成就，都饱含着宋庆龄的心血。

在最艰难的抗战时期，宋庆龄的无私大爱、远见卓识还表现在另一个重要的领域——对战争儿童的关爱。

当时中国的战灾儿童数以万计，他们有的是为祖国独立和自由而牺牲的战士们的遗孤，有的是因父母被空袭炸死而流离失所的孤儿，也有的是因父母被饥饿和疾病夺去生命而处境凄苦的小孩，还有大批家人在前线战斗、无人抚养的孩子。

宋庆龄一心拯救无依无靠的战灾儿童，她不止一次向社会各界发出"救济战灾儿童"的呼吁。动员全社会为最需要关爱的孩子提供爱和庇护，保卫中国同盟更是率先向战灾儿童伸出援手。

1939年春，保卫中国同盟在陕西省三原地区建了一所孤儿院，收养了数百个孤儿。宋庆龄认为孤儿院的首要责任是把无家可归的孤儿们抚育长大，教育成人，因为孩子们代表着国家的未来，他们将来要在父母正在战斗、受苦受难、流血牺牲的土地上建立一个新的中国。

1940年，保卫中国同盟在美国组织义演募捐，邀请了著名歌唱家保罗·罗伯逊参加，这位歌唱家用中文和英文演唱了《义勇军进行曲》。这样浩大的声势促使更多的爱心人士慷慨解囊，人们用行动反对侵略，支持中国的抗战。

宋庆龄常备一枚戒指，上面是她的名字"庆龄"，她用这枚圆形的戒指在捐助者的收据上盖章签名，以她极高的信誉向捐赠者做出承诺，这些捐赠都会用于抗战。她还有一个方形的戒指，上面刻着她英文名字的字母缩写，同样可以像印章一样使用。

在香港期间，宋庆龄和大姐宋蔼龄以及到香港求医的妹妹宋美龄相逢，受宋美龄的邀请，姐妹三个约定一道去重庆，联合各自的影响力宣传抗日救国，向国内外表明中国抗战到底的信心和决心。

宋庆龄和姐姐宋蔼龄、妹妹宋美龄都是当时中国最受关注的女性，被称为"宋氏三姐妹"。她们传奇的人生经历及社会地位各有代表性：宋庆龄和孙中山结为革命伴侣，因爱国、爱民的圣洁品格与风范受到万民景仰；宋美龄和蒋介石结婚后，成为权势显赫的第一夫人；宋蔼龄和孔祥

熙结合后，在商界大展身手，财力雄厚。姐妹三人在20世纪的中国有着各自的影响力，却因政见不同和人生态度的分歧，少有联系。这次，在抗战的大背景之下，她们携手共进，向全国人民和海内外同胞表明她们的立场和态度：一切以民族解放事业为重。三姐妹以身作则，率先垂范，极大地鼓舞了国民的抗战热情。

在重庆，宋氏三姐妹一起去电台参加节目，宣扬中国抗战必胜的信心。她们用英文演讲，通过美国广播公司播出，向世界表明中国在反法西斯战争中投入的力量和贡献。她们一道去医院慰问、安抚伤兵，视察防空洞，一起穿着旗袍在重庆街头倡导"新生活运动"。她们还一同驱车前往乐山，探望第一儿童保育院的孩子们。

重庆之行期间，蒋介石特意出来和宋家三姐妹合影。拍照时，宋庆龄有意站在跟他们分开一些的位置。她把合照送给朋友时，在照片后面写了两个字：统战。她用这样的方式表明自己的立场——我之所以出现在照片里，是有我的态度的，我跟他们不一样，我为统战而来。

另一张宋家三姐妹一起行走在大轰炸后的废墟上的照片，也是在重庆期间拍摄的。宋庆龄站在重庆街头的废墟上，也许她正在惦念重庆老老少少的安危，也许她想到还有很多同胞正在受苦受难……照片上的她看上去心情沉重，眉宇间忧思溢于言表。据说宋庆龄参加演讲的前一晚，日军派飞机轰炸重庆，差点儿击中她所住的楼房。

演讲中，宋庆龄慷慨陈词，揭露了日本帝国主义的法西斯本质。她还语重心长地勉励更多的妇女团结起来，多做实际工作，多关注民主政治。在她看来，这与抗战、与妇女解放都是不可分离的。

1941年12月，太平洋战争爆发后，日本侵略军疯狂进攻香港，保卫中国同盟的成员有的在战斗中光荣牺牲，有的被关进了集中营，还有一部分转移去了重庆……

宋庆龄是最后一批撤离的成员，当时日军已逼近九龙的启德机场，她在一片硝烟弥漫中登上飞机，离港飞赴重庆。

1942年中秋节，宋家三姐妹和宋子文、宋子良、宋子安齐聚重庆，一起赏月，这也是宋家兄弟姐妹最后一次大团圆。自那一晚后，他们再无团聚。

在重庆期间，宋庆龄聚集起从香港转移来的保卫中国同盟成员，加紧联络世界各地的进步机构，呼吁各国友好人士加强对中国人民抗日战争的援助,强调援助重点要放在拖住大部分日寇兵力的敌后游击队,她向海外的朋友发出公开信,再次提醒世界要认识到中国战场的重要性,为夺取反法西斯战争的最后胜利而奋斗。

也是在1942年,宋庆龄用洛杉矶华侨和美国友人的一笔捐款,在延安的窑洞里开办了闻名中外的"洛杉矶托儿所"。

洛杉矶托儿所的前身是中央托儿所,它的来历颇让人感叹。抗战全面爆发后,革命将士们前赴后继奔向前线,他们的小孩无人照管,只好交给老乡代养。但是有的老乡并不懂得如何喂养孩子,有的孩子病死了,有的孩子走丢了。中央托儿所成立之后,情况有所改观,但限于当时物质极度缺乏,孩子们大都营养不足。

宋庆龄把从洛杉矶筹来的款项,还有药品、食品、玩具、生活用品等一批批送往中央托儿所,并致信感谢那些洛杉矶的华侨和美国友人。后来,有关方面将托儿所改名为洛杉矶托儿所,让孩子们记住历史,记住来自大洋彼岸的无私友谊。

洛杉矶托儿所有一台新式的大磅秤。这大磅秤既可以

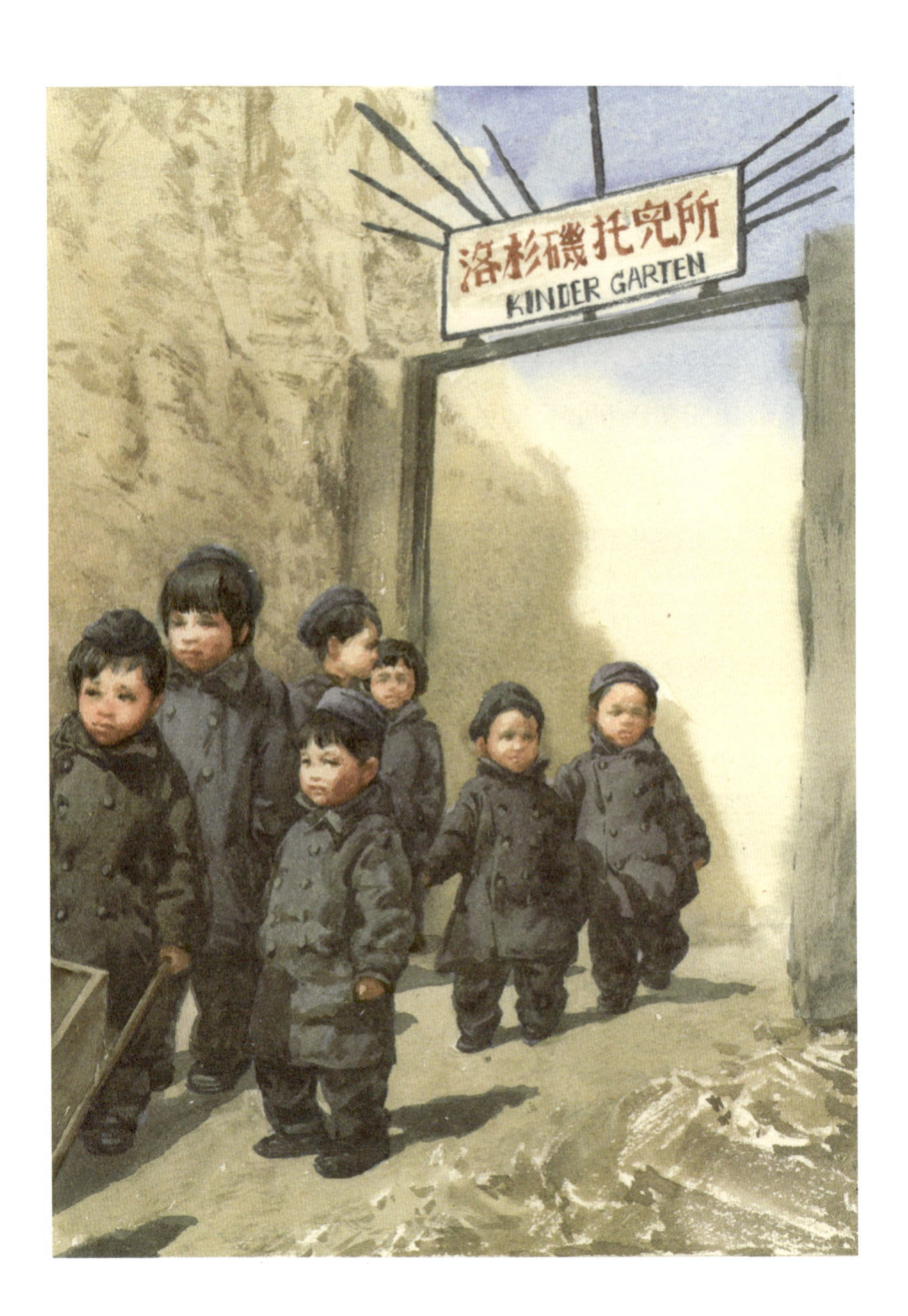

洛杉磯托兒所
KINDER GARTEN

给孩子称体重，也可以量身高，全延安找不出第二台。消息传到毛泽东那里，他得知这是宋庆龄给孩子们争取来的福利，十分高兴。

洛杉矶托儿所不断扩大，后来拥有了二十多座窑洞，抚育了三百多个两岁到六岁的将士子女，其中有一部分孩子是遗孤，这里成为抗日根据地儿童工作的典范。

保卫中国同盟留存下来的档案，对当时宋庆龄所从事的伟大事业有详尽的记录。那里面有她制订的工作计划、工作总结、会议记录、财务报表、往来信函……抗日战争时期，革命根据地的医疗卫生条件简陋，医疗人才稀缺，药品和医疗器械也极其匮乏。幸亏有了像白求恩、马海德、柯棣华、巴苏华、汉斯·米勒这样杰出的医生，以及数量众多的国际援华医务人员进入根据地，各地才因陋就简建立起了覆盖全体军民的、高效现代的医疗卫生体系，而这一切都是宋庆龄亲自运筹调度的……她身体力行、事必躬亲，创造了其他人很难实现的奇迹。档案中，宋庆龄给每位捐赠人写了回信，不论对方捐了三本旧书或是十美元，她都一视同仁，情真意切地致谢，还会告知捐赠物何时用到何处。

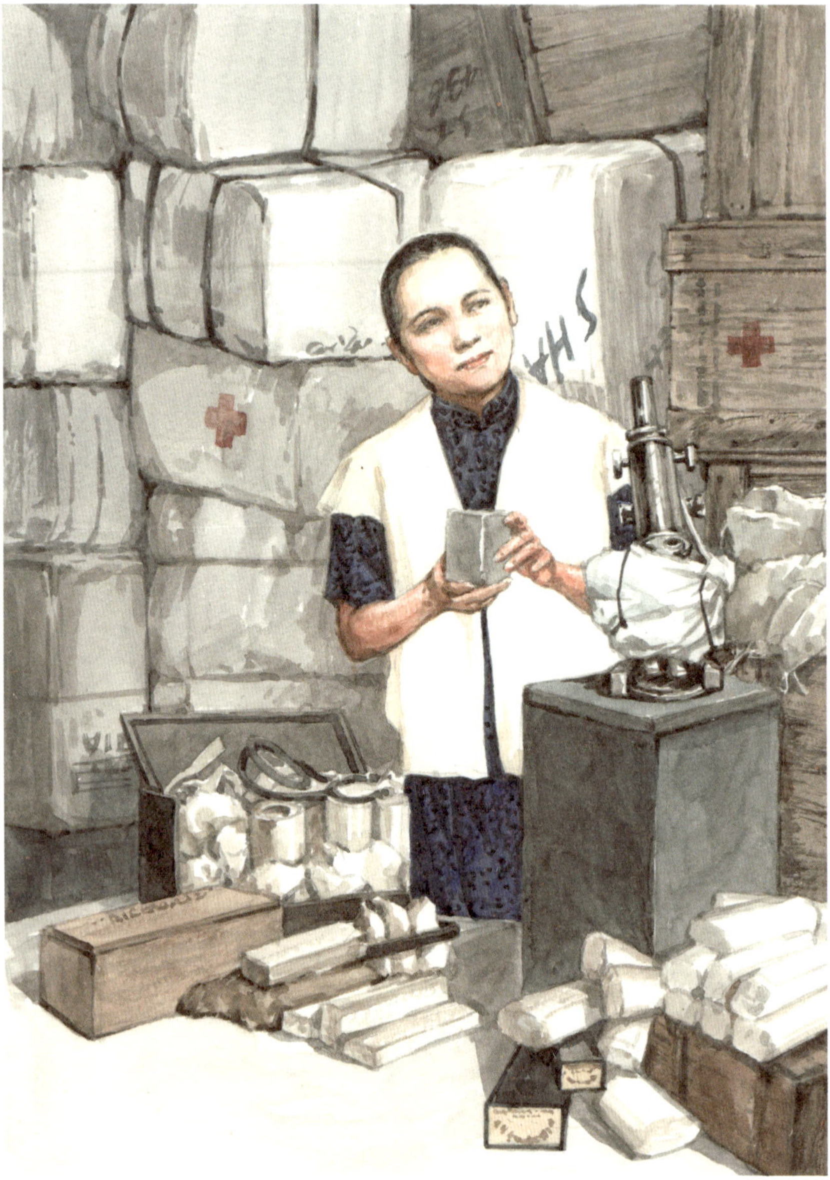

1945年8月15日，日本宣布无条件投降。宋庆龄亲自参与并投入到艰苦卓绝的浴血奋战中，终于看到中国人民战胜了日本帝国主义，她的心情无比激动，抗战的伟大胜利令她无比自豪。深明大义的宋庆龄与人民站在一起，勇于担当使命、承担责任，她不仅是国人认同、敬仰的孙夫人，作为中华人民共和国的缔造者之一，她亦当之无愧。

抗日战争胜利后，宋庆龄在11月回到阔别多年的上海。眼见到处是流浪、失学、饥饿甚至在死亡线上挣扎的孩子，她心疼不已，经常彻夜难眠，思虑之后做了一个重大决定。

宋庆龄郑重宣布，将保卫中国同盟改名为中国福利基金会，继续同国际救济机构保持联系。在随后的两年间，她率领的中国福利基金会在上海的贫民区先后创办了三所儿童福利站，大约五千名儿童得到了救助，很多战争孤儿也借此得到了妥善安置。穷苦的孩子们在这里得到饮食起居的照料、免费的医疗诊治，还可以识字、读书、看幻灯片、学唱歌。宋庆龄一有时间就亲自去探访、看望这些孩子。

宋庆龄主持的中国福利基金会在解放战争期间，援助解放区建立了八个国际和平医院，四十多个分院，增加了一万一千八百多个床位。这些国际和平医院经常会收到急需药品等，宋庆龄往往第一时间组织工作人员将整吨的手术器械、药物、医学书籍转送，陆续在解放区开办了胶东新华制药厂等几十个制药厂，成立了几十个医疗队，为千千万万的军民服务。中国福利基金会还根据新的形势和需求，将稻谷种子、农业书籍、儿童服装运送到解放区各实验农场和孤儿院。

"对于贫苦儿童，不能只给他们吃饭、穿衣，还要给他们精神食粮，要使他们看到未来。"1946年，宋庆龄在一次观看话剧的过程中萌生了为孩子们创办一个剧团的念头。第二年年初，中国第一个为儿童服务的剧团在苏州河畔一间狭小的办公室里诞生了。1947年4月10日，中国福利基金会的儿童剧团进行首场演出。剧团先后创作的《表》《小马戏班》《小主人》等剧目，形象地反映了贫苦孩子的悲惨遭遇，揭露了社会弊端，寓教于乐，深受广大儿童的喜爱。

1946年10月，在宋庆龄的组织下，中国福利基金会在静园学校捐设了一间儿童阅读图书室。受当时条件的限制，图书室用集装箱改造而成。图书室虽然简陋，却让渴望阅读的孩子们欣喜若狂。这里的书籍使孩子们打开了面向更广阔世界的眼界，感受到文学艺术的魅力。他们在这里滋养精神，增进修养，树立了远大目标，立志成为社会有用之才。

宋庆龄还在中国福利基金会下面设了文化救济基金，帮助很多受战争和反动派迫害的文化、艺术、教育界人士摆脱贫困，像郭沫若、臧克家、叶浅予、艾明之、刘白羽等，都得到过捐助，从而得以潜心从事创作。

1948年12月30日，毛泽东在新年献词中向全国人民发出"将革命进行到底"的伟大号召。1949年1月10日，淮海战役取得了决定性胜利。从此以后，蒋介石的国民党集团陷入了土崩瓦解的状态。

宋庆龄早年追随孙中山，和他一起投身革命事业，为中华民族冲锋陷阵。胸怀广阔、视野高远的她善于把握民族发展的方向，敏锐地意识到为国为民为未来"要有强健的民族，先从母性及儿童福利着手"。中华人民共和国成立前夕，她发起、建立的福利站收养的儿童已增至三万余名。

  为解决中国福利基金会费用不足的问题，宋庆龄找到了"三毛之父"张乐平，邀请他举办一次"三毛原作展览会"，通过义卖为儿童筹措经费。1949年3月画展开幕那天，宋庆龄出席并亲自为张乐平与外国来宾担任翻译，义卖活动大获成功。

  宋庆龄一生不曾有亲生的儿女，但她挚爱孩子，倾心儿童工作，她说："我的一生是同少年儿童工作联系在一起的。"

第八章 这果实如此美丽

宋庆龄不仅创办了我国第一家儿童艺术剧院，还创办了第一本少儿刊物、第一座妇幼保健院、上海市第一家寄宿制托儿所，以及第一座少年宫。

1949年5月27日，上海喜迎解放。

上海解放的第二天，宋庆龄在寓所迎来一位重要的客人——法学家史良女士，史良女士后来就任我国司法部首任部长。宋庆龄拉着史良的手，十分感慨地吐露心声："国民党的失败，是我意料中的，因为它敌视人民、反对人民、压迫人民；共产党取得胜利，是必然的，因为它代表人民，爱护人民，为人民谋福利。"

不久，邓颖超受中共中央的委托，带着毛泽东和周恩来的亲笔信到上海，专程邀请宋庆龄去北平商谈建国大事。宋庆龄非常珍视这两封信，将其珍藏在寓所的保险柜里。因为孙中山是在那里去世的，宋庆龄真心不想再去，感觉那里是她的伤心之地。思量再三后，宋庆龄最终被毛泽东和周恩来的诚意打动，答应北上。长期为民族、为人民勉力奋斗的她，也热诚地想为建国大业出谋划策。

这天，夏末的北平火车站喜气洋洋，宋庆龄乘坐的列车徐徐进站，看到毛泽东、朱德、周恩来等中共中央领导人都在站台迎候她，她深受感动，此情此景长久地留在她的记忆中。

宋庆龄在北平参加了中国人民政治协商会议第一届全

体会议，共商国策大计。她在会上恳切地说："我们达到今天的历史地位，是由于中国共产党的领导。这是唯一拥有人民大众力量的政党。"会上，她被选举为中央人民政府副主席。

1949年10月1日，宋庆龄随毛泽东、朱德等一起出席了首都军民在天安门广场隆重举行的开国大典。听到毛泽东主席宣布："中华人民共和国、中央人民政府，今天成立了！"看着鲜艳的五星红旗冉冉升起，宋庆龄心潮澎湃，感慨万千。她想起许多革命志士前赴后继，甘愿牺牲自己的生命才换得今日民族的解放，她的眼里闪过晶莹的泪花。

作为孙中山的夫人，对孙中山开创的革命事业一往情深的人，一个无私无畏的革命者，她为理想奋斗了那么多年：从协助孙中山发动民众，走向共和，到抗战期间历尽艰辛鼓舞民心，筹集医疗物资运往前线，拯救革命志士的生命……特别是蒋介石叛变革命后，她无惧死亡的威胁，坚持为正义的事业发声，不遗余力地营救中共从事地下工作的同志；抗日战争、解放战争中，她怀着刻骨铭心的爱国心，始终如一地支持中国共产党。曾经梦寐以求并为之奋斗的目标终于在中国共产党的领导下实现了，让她怎能不激动！

她忘不掉孙中山先生一生追求振兴中华的崇高理想，也为自己无愧于他的嘱托而欣慰。她由衷地说："这一次，孙中山的努力终于结了果实，而且果实显得这样美丽。"

中华人民共和国成立后，宋庆龄更多地投身于妇女儿童事业，将慈母般炽热的爱奉献给了中国的孩子，她带领中国福利基金会全力以赴，制定了新的目标。这个新目标就是推动儿童福利和妇女事业的发展。

1950年8月，宋庆龄主持的中国福利基金会正式改名为中国福利会，继续在儿童文化、教育等方面进行拓展。

为此，宋庆龄先后捐献了自己的巨额奖金和稿酬。一次是在1951年9月，她荣获"巩固国际和平"斯大林国际奖，获得十万卢布的奖金。她在支票背面亲笔写下了"此款捐赠中国福利会作妇儿福利事业之用"，这笔奖金后来用于发展儿童福利事业，在上海建造了我国第一座妇幼保健院。两年之后，她又一次把自己所著《为新中国奋斗》的全部稿费捐赠给朝鲜人民军和中国人民志愿军。

1952年国庆节前，宋庆龄率领儿童剧团的演员们进京演出，邀请了毛泽东、周恩来、朱德等党和国家领导人观看。剧团创作、演出的《马兰花》《小足球队》等儿童剧深受观众喜爱，多次获得嘉奖。1957年，宋庆龄在1947年组建的中国第一个儿童剧团的基础上，创建了中国福利会儿童艺术剧院。儿童艺术剧院是我国第一家专门为孩子组建的剧院，宋庆龄对自己亲手缔造的剧院满怀深情，亲切地称它为"我的剧团""我们的剧院"，视它为掌上明珠。八旬高龄时，宋庆龄还亲临剧场观看演出，满面笑容地走上舞台慰问演员。

2022年，儿童艺术剧院建院75周年时，剧院演出了新版儿童剧《宋庆龄和孩子们》。观众们在演出中回望宋庆龄关爱儿童的历史，一起深情缅怀这位剧院的创始人。

《宋庆龄和孩子们》取材于抗战时期宋庆龄在上海关怀穷苦儿童的真实事迹，讲述了宋庆龄与加拿大医生弗雷德在上海码头护送一批救济物资到解放区的过程中，遇到流浪儿童猫儿眼和陈大垛，她将这两个苦孩子安置在儿童剧团后发生的一系列故事。该剧表达了宋庆龄与孩子们心心相印的深厚情感，展现了她以身作则，教他们学会做人做事、如何去爱的动人形象，充分地表现了宋庆龄在战乱年代历尽艰辛，致力于儿童文化事业的远见卓识。

剧中重现了当年儿童剧团的铁皮活动屋，利用舞台还原了部分宋庆龄真实的生活场景，比如客厅和花园、鸽子亭与壁炉等。剧中扮演宋庆龄的演员造型、举止颇有她的神韵，演员衣着也契合场景的变化，更换的旗袍有波点的、竖条纹的、净色的，简洁且精致，充分呈现了宋庆龄所喜爱的高雅、端庄、纯净的穿衣风格。

宋庆龄不仅创办了我国第一家儿童艺术剧院，还创办了第一本少儿刊物、第一所妇幼保健院、上海市第一座寄宿制托儿所，以及第一座少年宫。其中，托儿所的故事也让人印象深刻。

上海刚刚解放两个月时，宋庆龄便在陕西北路369号创办了婴托所（后改为中国福利会托儿所）。那是一栋英国式的花园别墅，两层半高，原主人是一个叫约翰逊·伊索的外国人，当年宋庆龄的父亲宋耀如买下后，成为宋家花园。婴托所成立伊始，就力争最大效率地发挥托儿所的作用，帮助急需托管儿童的家庭。婴托所先后接收了来自七户人家的三胞胎，宋庆龄经常到这里看望可爱的孩子们。

考虑到婴幼儿抵抗力较弱，容易发病，宋庆龄提出要

做到让婴幼儿"身体结实、减少疾病"。她提醒工作人员要注重养成教育、健康教育，在全国范围内率先研究"三浴"锻炼，即水浴、空气浴、阳光浴，还建议使用冷水按摩、中草药防病等先进的婴幼儿养护方法。

多年后，中国福利会托儿所追踪到了这七家三胞胎中的五家，他们都成长得很好。其中有一家是1950年出生于工人家庭的三胞胎姐妹，因当时家人无力照料，被送到了婴托所，吃穿全部免费。三姐妹从宋庆龄创办的婴托所和幼儿园毕业，进入小学后，又在宋庆龄创办的少年宫民乐队学习琵琶，可以说她们整个童年都沐浴在宋庆龄的关怀下，不仅有幸福的生活，更重要的是找到了正确的人生方向。

宋庆龄自小热爱阅读，一生都爱好阅读。她看过的中文、外文书刊不计其数，因而深切地感受到阅读能给予儿童成长莫大的能量，为儿童打开一个新世界的大门，帮助儿童学会思考，追求真、善、美，所以她格外重视儿童的课外阅读。

1950年，宋庆龄创办了我国第一份综合性的儿童刊物《儿童时代》，她将这份杂志当成一棵小树苗，精心浇灌，

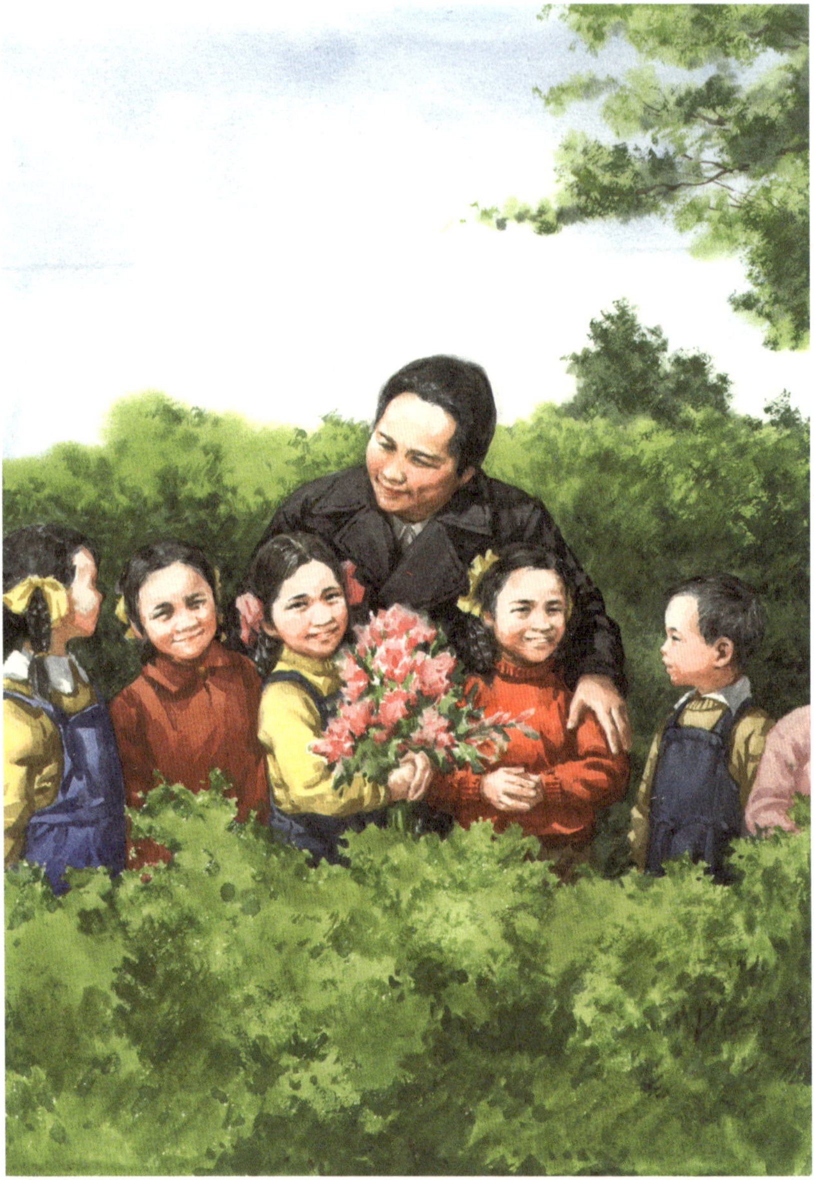

先后亲自为《儿童时代》撰写的题词和文章就有十一篇。

宋庆龄还选定了上海的大理石大厦,创办了我国第一座少年宫。大理石大厦原为英籍犹太富商埃黎·西拉斯·嘉道理爵士的寓所,因大量使用从意大利进口来的大理石而得名。1953年,宋庆龄送给少年儿童的六一节礼物,就是由大理石大厦改建而成的"缔造未来"的宫殿——中国福利会少年宫。

1954年6月,应宋庆龄之邀,中华人民共和国主席毛泽东亲自为中国福利会少年宫题写了宫名。老一辈无产阶级革命家周恩来、刘少奇、彭德怀、陈毅等先后到少年宫视察,勉励少年儿童树理想、立大志。1984年,邓小平在观看了少年宫学员演示的计算机操作后,做出"计算机的普及要从娃娃抓起"的重要指示。

中国福利会少年宫成了几代儿童真心喜欢、倾心热爱的乐园,孩子们都爱在少年宫观摩表演,参加科技、文学、音乐、绘画和体育活动,其中有一种叫"勇敢者的道路"的运动型游戏,将攀爬、冒险、扫清障碍集合在一起,十分考验肢体的灵活度。

少年宫还有小伙伴艺术团,下设舞蹈、合唱、戏剧影视木偶、键盘乐、书画工艺、管弦乐、民乐七个分团。艺术团经常去世界各地演出,享誉海内外,这些孩子也被各地民众誉为"中国小大使"。

每逢六一儿童节前后,宋庆龄会发表相关文章,寄语少年儿童和教育工作者,她的教育思想先进而开阔,丰富而深远。

宋庆龄一直强调要加强对儿童的教育。1956年,她在《人民日报》上发表了题为《把最宝贵的东西给予儿童》的文章,从四个方面论述了对于儿童来说什么是最宝贵的,应该怎样给予他们。她提出"要为儿童健康地成长创造各种条件。要用很多的精力去培养、教育儿童……让他们在生命的最初几年中就正确地形成观念、行为和性格的基础。教给他们怎样生活,怎样工作,并且让他们获得开启人类知识宝库的钥匙"。

她的教育理念体现在:爱孩子,更要苦其心志、劳其筋骨,应该把他们培养成不怕严寒风雪的松树,而不是经不起风吹雨打的纤花细草。

她在《在儿童节向母亲们谈几句话》一文中,开篇即叮嘱广大母亲:"孩子们的性格和才能,归根结底是受到家庭、父母，特别是母亲的影响最深。"她强调，父母必须"首先树立起某些思想和行为的准则。因为孩子们是通过大人的榜样进行学习的。我们要求自己和孩子都具有人类最优秀的品质"。

宋庆龄指出：人类最优秀的品质包括爱、劳动、勇敢、诚实、集体主义，再加上朴素、节俭等其他高尚的品质，就是我们培养性格的指针。在她看来，人类最优秀的品质，永远不会随着时间的流逝而褪色。

几十年过去了，宋庆龄培养和教育孩子的理念言犹在耳，她珍宝一般的教育理念，通过她创办的儿童机构不懈实践，沁入几代国人的心田。

第九章
伟大的女性

她有母亲般的博大胸怀,爱国家和人民,爱孩子,她的心里始终装着孩子,装着她看见的每一个孩子。

"我国的法律已确认妇女与男子有平等的地位。我们在铲除男女不平等的封建关系方面已有了伟大的进步。但是中国妇女还没有完全解放，因为男尊女卑的观点在人们的心目中是根深蒂固的，而且在思想和行动中随时会表现出来。这种观点需要反复教育才能改变，而不是立刻可以根绝的。同时，妇女们到处都受到家庭繁重工作的束缚，这使她们的聪明才智不能得到发展……除非中国的妇女大量参加工、农和文化工作……逐步把妇女从家庭的繁重工作中解放出来。中国妇女的完全解放，意味着我们国家的稳固坚强。"

这是1953年4月，宋庆龄在第二次全国妇女代表大会上的一部分致辞，非常精辟，契合现实难题，一针见血地指出了女性解放面临的各种束缚和羁绊。

一有机会，宋庆龄就会呼吁团结妇女、解放妇女，她号召广大妇女积极展示女性的巨大能量，和时代共发展，能够而且必须成为各种熟练的技师、经理、教员、拖拉机手、工程师、科学家等，按照必需和可能的速度推动我们国家的前进。

宋庆龄是20世纪杰出的女性，中华人民共和国成立

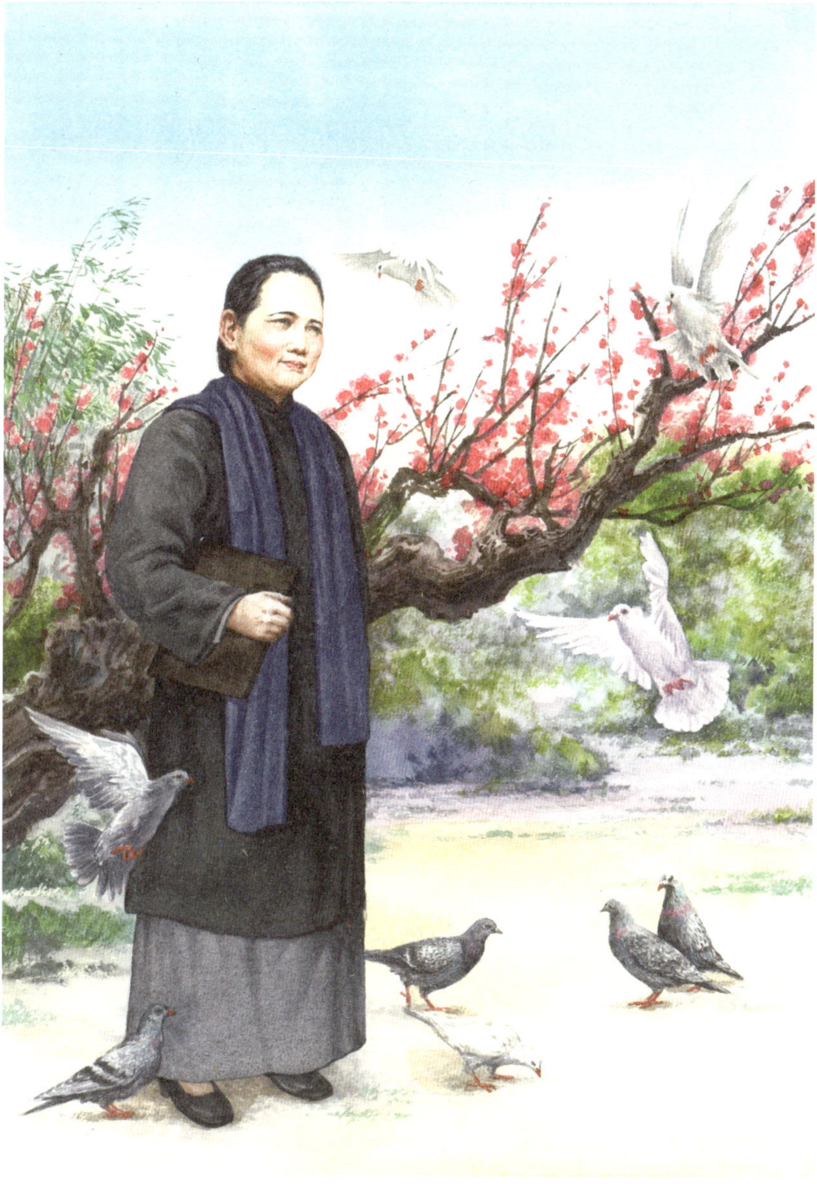

后，她被推选为中华全国民主妇女联合会名誉主席，致力于推动妇女的解放和发展。

1956年5月，宋庆龄在上海的寓所里招待参加国际民主妇女联合会理事会北京会议后到上海参观访问的亚洲、非洲、拉丁美洲、欧洲共二十七个国家的妇女朋友。她在茶会上致辞，表示"你们已经看到了我们正在全国一致地进行着规模巨大的和平建设工作，上海正是这样的一个象征"，并"祝贺保卫和平、保卫妇女儿童权利的共同事业从胜利走向胜利"。

她将妇女解放提到高处，不仅如此，她本人也以她的大爱、勇气、智慧、美德和美丽，率先给中国的妇女做出了表率。她有母亲般的博大胸怀，爱国家和人民，爱孩子，她的心里始终装着孩子，装着她看见的每一个孩子。

一天，宋庆龄在寓所里摆上了蛋糕、糖果，布置好背景，看着像有贵客要来。傍晚，陆续来了不少小朋友，都是工作人员家的孩子。直到这时，炊事员老张才知道，原来今天宋庆龄请的重要宾客不是别人，正是他自己的孩子。宋庆龄精心布置了温馨的生日场景，专门为他八岁的儿子过生日。

看着宋庆龄陪孩子们一起喜滋滋地点生日红蜡烛，唱起"祝你生日快乐"歌,老张忍不住热泪盈眶。他早把自家孩子的生日忘得一干二净了,想不到孩子们的"妈妈太太"(孩子们对宋庆龄的尊称)却牢牢地记在心里。

宋庆龄没有自己的孩子,却格外喜爱孩子。工作人员逐渐形成了一条不成文的约定,无论哪一家生了小孩,都会让宋庆龄知晓,还会带着孩子来寓所让她看一看。她总是要给上十块钱,还会张罗送孩子什么颜色的小毯子。就连孩子的妈妈,宋庆龄也会照顾到,安排人送去鸡蛋、糖和奶粉。

隋学芳曾是宋庆龄的警卫员,他的女儿隋永清满月后,他就迫不及待地将孩子抱给宋庆龄看。年幼的隋永清初次见到宋庆龄,就朝她笑个不停。

宋庆龄特别喜欢这个秀气、活泼的小家伙,一直关心着她的成长。等隋永清能跑、会说话了,她就经常蹦蹦跳跳地来到宋庆龄的寓所,给"妈妈太太"安静的寓所增添了许多生气。

后来隋学芳不幸中风导致偏瘫,而他家子女众多,养育孩子们成了问题。宋庆龄得知隋学芳一家陷入困境,便经常帮助他。当她看到隋学芳在养育孩子上实在有心无力时,决定帮助他抚养和自己一见如故、古灵精怪的隋永清,还有隋永清的妹妹隋永洁。她把两个女孩接过来，对这对姐妹关怀备至，甚至有些小小的溺爱。动荡时期学校停课，隋永清姐妹没法去学校上课了，宋庆龄不想她们无所事事，每天都会在百忙之中抽空教两姐妹学英语，上一些基础的文化课，还鼓励她们阅读、运动。

隋永清两姐妹幸运地依偎在宋庆龄身边，渐渐长大、成才。每年宋庆龄过生日，隋永清都陪在她身边，她们吃得比较简单，各吃一碗面，再加一碟红烧肉煨蛋。

北京市西城区后海北沿46号是宋庆龄住过的地方，从1963年至1981年，她在此生活、工作了十八年，直至逝世。这里曾是清代大学士纳兰明珠的府邸，始建于康熙年间。清末时，成了末代皇帝溥仪的父亲——醇亲王载沣的王府花园。

1961年，周恩来总理受党和政府的委托，决定在原有建筑的基础上，接建一幢二层小楼，筑成一座优雅、安适的庭院，作为宋庆龄的居住之地。这里留下了她的生活痕迹，记录了她的点点滴滴——她温暖的待人方式、有趣的生活情景，以及她作为伟人的品质之外，那些永不磨灭的

美好的女性特质。

宋庆龄情感丰富，可能还有些恋旧，她有一条织锦缎的小被子——金线粗粗地浮在布料上，被面的花纹和色彩很少见。宋庆龄每次往返上海和北京，这条小被子总是随她的行李带来带去，仿佛她习惯了它在身边，又仿佛这是一个吉祥物。这条小被子据说是她的结婚嫁妆之一，因而受到异乎寻常的珍惜，宋庆龄甚至将它当成宝。

晚年的宋庆龄特别可爱、有趣，常常像邻家奶奶似的。敬仰宋庆龄丰功伟绩、人格魅力的人有很多，有时人们得了新鲜的蔬果，会送来给她品尝，还有人寄来药和偏方，她都大方收下，但一定都要回礼。她注重审美，选的礼物都很好看。

宋庆龄的日常用品里经常出现鸽子的图案，流露着淡雅之美。她喜欢鸽子，也有她的情感寄托——孙中山非常喜欢鸽子，而且鸽子象征着和平。宋庆龄将维系世界和平视为重大的使命。她住的院子里就有鸽子房。那些鸽子仿佛认识宋庆龄似的，她给它们喂食，轻轻招呼一声，它们就会飞过来。有的鸽子死了，她舍不得让别人处理，就亲自把鸽子埋好。

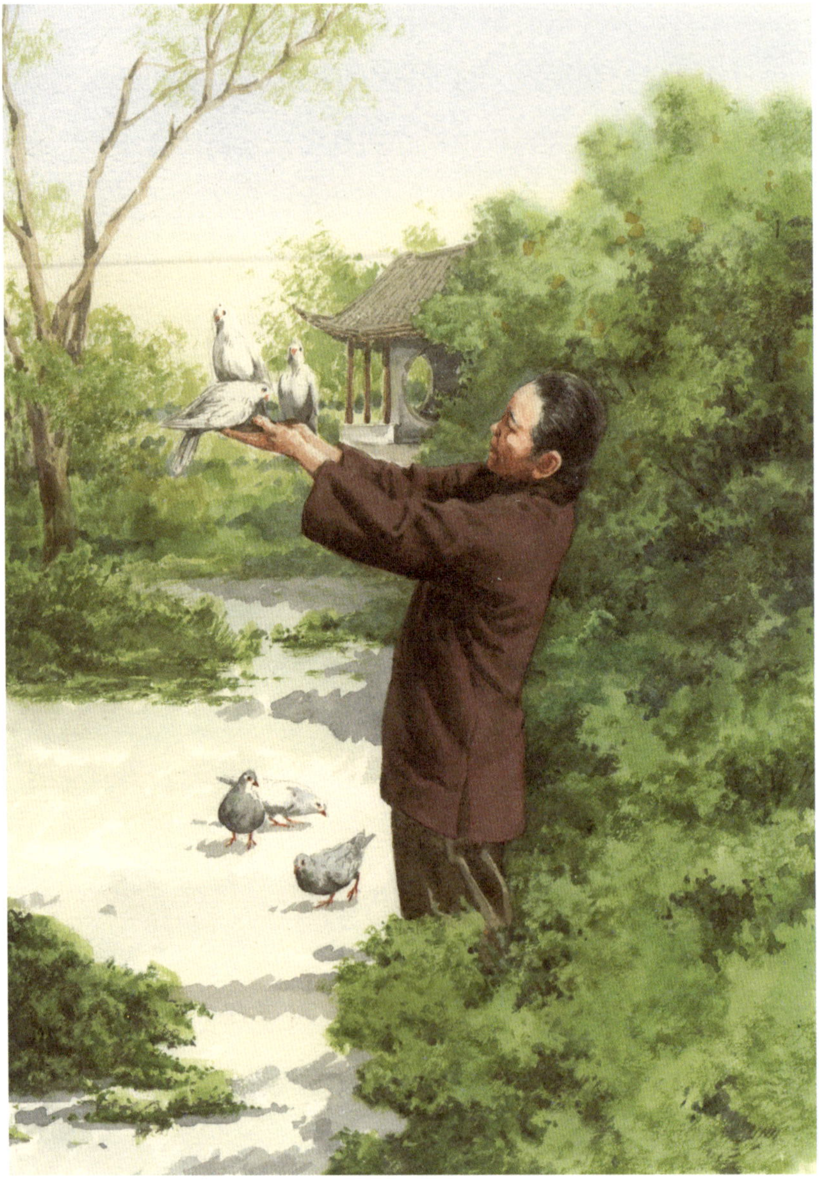

她爱花，偌大的院子里花草繁多，还有海棠树、梨树、柿子树、石榴树、核桃树等。秋天果树结出累累果实，她会像孩子一般欣喜，摘下果实分送给众人。

院子里还有一棵巨大的国槐古树，宋庆龄喜欢从二楼的阳台往外看，这样能看到树的全貌。它的造型很像一只凤凰，宋庆龄将它命名为"凤凰国槐"。

宋庆龄的兴趣广泛，她的书房里有一架钢琴，闲暇时她会弹奏一曲。她用打字机给国际友人回信，英文、法文、德文、俄文都很流利。她喜爱收藏瓷器和绣品，也喜欢美术，有时还会找些画作挂在墙上欣赏。宋庆龄也潜心于绘画，沉浸在自我创作的快乐中。她画的画大多是身边常见的物品，笔触纯净，色调美丽。

宋庆龄喜欢养小动物，养过狗、鹅、兔、猫。她在上海养了两只猫，在北京也养过两只猫，有一张照片就是她躺在床上，猫在她的头顶上。

宋庆龄喜欢美食，还会自己做饭。在与友人的通信中，常见她交流做菜心得或请人帮忙购买菜谱。她也会随手记下烹饪方法。宴请宾客时，她会细心地根据宾客的喜好调整菜式。

作为中国女性的榜样，宋庆龄气质高雅、秀外慧中、体态端庄。她的头发茂密而滋润，是从小受母亲影响的缘故，母亲教会她小心梳理、爱护头发。更可贵的是她骨子里的高贵和纯洁，无时无刻不散发着光芒和魅力。她对人宽容，却严于律己。国家按规定给她发放的补贴，每次都被她拒绝，她说有工资就足够了。

宋庆龄接待外宾或参加重大活动时，特别注重仪表，因为她觉得自己代表着国家的形象。有一次得知一件很适合她的衣服需要不少钱时，她连忙摆手，说："太贵，太贵，我们国家不富裕，不能这么奢侈。"

宋庆龄生活中十分节俭，家里的镜子水银脱落了，她不让换。她的衣服不多，大都是以前留下的，手包、帽子、围巾等配饰也没多少，但她每次出门前都会精心搭配。她会添一些全棉的布衣、布鞋，有时为了节省开支，她也不去外面买，而是自己设计，亲自绘画出草图，再由擅长女红的保姆手工制作，她在一旁指导怎么裁剪、怎么做。她用的手帕上绣着她的名字，色调清雅，即使用得很旧了，部分残破了，她也舍不得丢弃。

有一年夏天，她发现一件吸汗、易洗涤的香云纱旗袍小了，就设法让保姆加宽翻新，又让它陪伴了自己许多年。

宋庆龄还和保姆李燕娥一起，用二十六块碎布缝成了一件棉背心，冬天穿在外套里面御寒。每次冬季往返京沪时，她都会穿着它保暖，还风趣地称它为"八卦衣"。

宋庆龄讲究环保，善于"变废为宝"。她的腿患有风湿性关节炎，为防止受寒，她把各种旧毛线收集起来，一针一线地织成了一副杂色的护膝。

宋庆龄一生恪守承诺，年过八旬以后，她对应允别人的事特别谨慎，就怕遗忘，有什么事总是记挂在心上。

1981年初，邹韬奋的夫人沈粹缜请她为《韬奋手迹》一书题签封面，八十八岁高龄的宋庆龄欣然应允。那一阵她身体不适，手有点儿抖，想等症状缓解一些再写，可后来她身体一直不大好。到了春末，她多次出现高热，但仍想着尽快完成承诺。5月12日，她嘱咐工作人员扶着她到写字台前，极力克制着颤抖，一笔一画地写好题签，这才灿烂一笑，说："我现在放心了。"

宋庆龄是无比坚强、豁达的女性，晚年的她病痛缠身，腰腿的伤痛令她行走困难，还有恼人的荨麻疹和眼疾常年困扰着她。病重之前,宋庆龄每天坚持在花园里散步,偶尔一不小心失去平衡,有人想要上前搀扶时,她都说:"谢谢你,我能行的。"

她非常喜欢赏花,甚至想亲自栽种果树。花匠为了鼓励她多走几步,默默地把花盆放在院子的各处。她一点点地寻,很有耐心。有时她会摘几朵花,扎成好看的花束。好几次她近乎摔倒,花匠忙将她扶住,她礼貌地道谢,并不会马上返回室内,而是恋恋不舍地看着近处的花朵、远处的鸽群,看花朵盛开,看鸽子生机勃勃地翱翔在空中。

宋庆龄永远那么仁慈、善良。1981年2月,跟随宋庆龄五十多年、与她亲如姐妹的保姆李燕娥去世了。宋庆龄特别伤心,她让人将李燕娥的骨灰葬在了上海宋氏陵园,也就是宋庆龄父母的墓旁。

其实早在1932年,宋庆龄和小弟宋子安就曾在父亲宋耀如的墓前留下合影,照片背面写了"树长万代,叶落归根",这张照片一直被宋庆龄珍藏在身边。这一次她郑重地表露心愿,把长期陪伴她的"李姐"葬在父母的墓旁,而她本人逝世后也要葬在那里,永远陪伴在亲爱的、令她思念不尽的父母身边。

1981年5月8日，加拿大维多利亚大学授予宋庆龄荣誉法学博士的学位，并在北京人民大会堂隆重地举行了仪式。维多利亚大学校长霍华德·佩奇博士热情赞扬宋庆龄毫不动摇地从事为中国人民谋幸福的事业，赢得了世界各国人民的尊敬。

宋庆龄愉快地表示："我接受这一学位，不是为了我个人，而是把它看作是你们对中国人民的崇敬和友谊的象征，看成是你们对中国人民在长期的革命斗争和在建设我们中华人民共和国的事业中所取得的成就的敬慕和友好的象征。同时，我也把它看作是把中、加两国人民联结在一起的悠久而牢固的友谊的象征。"

宋庆龄永远和党在一起，多次要求加入中国共产党，1981年春，病重的她再次提出入党申请。中央政治局经过讨论，一致同意接收她为中国共产党党员。

5月16日上午，邓小平看望宋庆龄的时候，祝贺她光荣加入中国共产党。

宋庆龄微笑着点点头，表示内心的喜悦。当天，第五届全国人民代表大会常务委员会举行第十八次会议，一致通过了授予宋庆龄"中华人民共和国名誉主席"称号的决定。

在宋庆龄漫长人生道路的最后时刻,她念念不忘的依旧是她所热爱的孩子们。重病中的她写了《更好地为下一代着想》,呼吁全社会关心年轻的一代,用中华民族的优秀传统培养和教育他们,把祖国和民族希望的火炬传下去。

逝世前八天,她的文章《愿小树苗健康成长》发表,这是她为孩子们留下的最后赠言:"愿你们像小树苗一样,在肥沃的土地上扎根,在和煦的阳光下成长。成为祖国需要的有用之材……"

1981年5月29日,宋庆龄带着慈母般圣洁的大爱,带着她光辉的功绩,告别了她所热爱的孩子们、她所热爱的祖国。她曾说过:"假如一切事情要再重复一次的话,我还是愿意同样地生活。"

宋庆龄无悔无憾,真正做到了为理想奉献自己的一生——她是那么清澈、独特、卓越。少年时她静美娴雅,中年时她大义前瞻,晚年时她高贵致远,任何时候她都如此睿智、仁慈、丰富、美丽,她是无法复制的绝代芳华。

宋庆龄是20世纪最伟大的中国女性,并非之一,她是唯一。

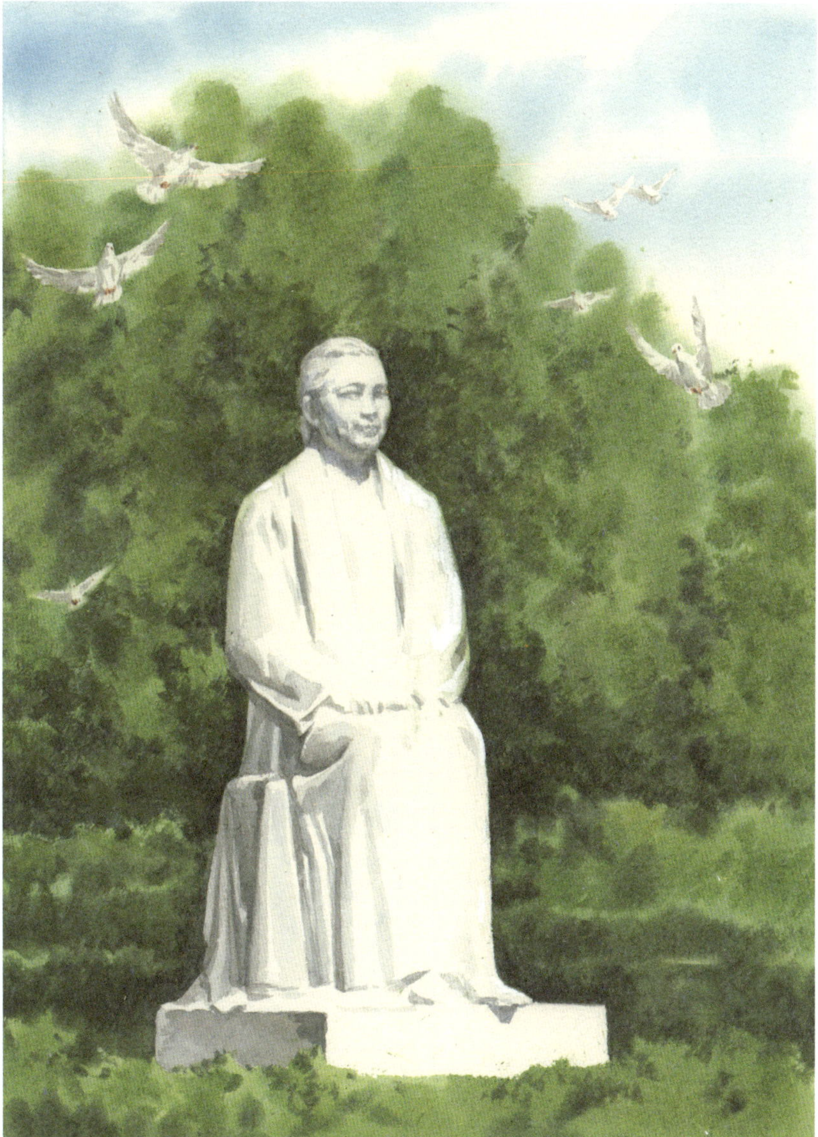

图书在版编目（CIP）数据

国之瑰宝：宋庆龄的故事 / 秦文君著 . -- 北京：中国和平出版社，2023.11

ISBN 978-7-5137-2685-6

Ⅰ . ①国… Ⅱ . ①秦… Ⅲ . ①宋庆龄（1893-1981）– 生平事迹 – 青少年读物 Ⅳ . ①K827=7

中国国家版本馆 CIP 数据核字 (2023) 第 204097 号

国之瑰宝——宋庆龄的故事

GUO ZHI GUIBAO——SONG QINGLING DE GUSHI

秦文君 著

策　划	林　云
责任编辑	孙蕾蕾　孙怡雯
装帧设计	胡小梅
插图绘制	王　光
营销编辑	常炯辉
责任印务	侯世菊
出版发行	中国和平出版社（北京市海淀区花园路甲 13 号院 7 号楼 10 层 100088）www.hpbook.com　bookhp@163.com
出 版 人	林　云
经　销	全国各地书店
印　刷	北京瑞禾彩色印刷有限公司
开　本	710 mm×1000 mm　1/16
印　张	9.5
字　数	70 千字
版　次	2023 年 11 月第 1 版　2023 年 11 月第 1 次印刷
书　号	ISBN 978-7-5137-2685-6
定　价	35.00 元

版权所有　侵权必究

本书如有印装质量问题，请与我社发行部联系退换 010-82093832。